KB044647

4평이면 충분하다

◆ 오래가는 브랜드의 한 끗 차이 입지 전략 센스 ◆

4평이면 충분하다

우창균 지음

블랙피쉬 Black Fish

프롤로그

애플은 왜 차고에서 시작했을까?

우리가 흔히 사용하는 스마트폰 브랜드 중 하나인 애플은 '차고에서 시작한 기업'이라는 창업 신화로 널리 알려져 있습니다. 스티브 잡스는 스무 살 때 부모님 차고에서 애플이라는 기업을 설립했는데요. 차고는 말 그대로 집 한 켠에 마련된 자동차를 보관하는 공간입니다. 결코 사무실로 사용하는 용도가 아니죠. 그런 이유로 '작은 공간'에서 시작한 애플이 지금 우리들의 손 위에 하나쯤은 있다는 사실이 더욱 드라마틱하게 와닿기도 합니다.

그럼, 스티브 잡스는 차고에서 애플을 세우고 싶었을까요? 제 생각에는 아니었을 것 같습니다. 우리 모두는 비록 시작일지라도 원대한 꿈과 희망을 갖고 나름 근사하게 시작하고 싶기 때문이죠. 스티브 잡스도 다른 장소에서 조금 더 근사하게 애플을 시작하고 싶지 않았을까요? 더 멋있게 자신의 포부를 밝히고 많은 사람들에게 제품을 소개하고 싶지 않았을까요? 하지만 '차고'에서 시작한 브랜드의 스토리가 있었기 때문에 애플의 위대함이 더욱 대단해 보이는 건 사실입니다. 여기서 중요한 건 '차고에서 시작해 애플이 되었다'가 아니라 '차고에서도 애플이 될 수 있다'입니다. 애플이 보여 준 건, 작은 차고에서 시작하더라도 얼마든지 잘될 수 있다는 가능성이었습니다.

살아남는 브랜드의 비밀: 시작점

개그맨 유재석, 조세호 씨가 사람들과 이야기를 나누며 마지막에 퀴즈를 푸는 프로그램 〈유 퀴즈 온 더 블럭〉을 보며 종종 예상치 못한 감동을 받을 때가 있습니다. 감동의 대부분은 난생처음 보는 사람이거나, 편견을 갖고 있던 사람에게서 더욱 많이 느낍니다. 프로그램을 통해 그 사람이 어떻게 시작했고, 어떤 아픔을 이겨 냈는지를 알 수 있게 됩니다. 한 사람의 삶의 과정을 간접적으로 경험할 수 있기 때문에 그 속에서 배움을 느끼고 인식이 바뀌고, 감동으로 다가옵니다. 결국 지금의 모습을 있게 만든 한 사람의 시작점과 과정 속 진솔한 이야기가 공감대를 불러일으키는 것입니다.

우리가 접하는 유명한 브랜드 공간도 마찬가지입니다. 이런 곳은 인터넷, SNS 등을 통해 너무나 쉽게 접할 수 있습니다. 방문하는 사람이 많다면 직접 가 보지 않아도 매체 정보만으로 어떤 곳인지 가늠할 수 있습니다. 하지만 지금의 결과물을 얻기까지 과정을 알기란 어렵습니다. 어디서 시작했고 어떤 과정을 거쳤는지 알 수 없습니다. 만약 어떤 브랜드가 작거나 숨겨져 있는 공간을 잘 활용해서 사람들의 관심을 끌었는지 배울 수 있다면, 누군가는 좋은 공간을 발견하는 눈을 갖출 수 있고 또 누군가는 브랜드를 이끌어 나가는 데 큰 도움을 받을 수 있습니다. 사람의 이야기는 인생의 희로애락을 담고 있지만, 브랜드 공간의 이야기에는 기업의 우여곡절이 담겨 있습니다.

부동산은 브랜드가 필요하다

부동산 하면 가장 먼저 떠오르는 게 무엇인가요? 대부분의 사람들은 '투자 수단' 중 하나로 생각할 것입니다. 아파트, 상가, 토지, 건물 등 모든 부동산은 결국 수익 창출을 위한 안전한 투자 수단이라는 인식이 강합니다. 그렇다면 브랜드의 입장에서 부동산은 어떨까요? 마찬가지로 투자 수단 중 하나로 생각할 수도 있지만, 소비자에게 브랜드를 보여 주는 접점으로서의 성격도 갖고 있습니다. 브랜드의 이미지를 잘 전달하는 가장 직접적인 방법이 부동산 공간을 활용하는 것입니다. 즉, 브랜드는 부동산을 사용하는 소비자 중 한 명이 되는 셈입니다. 만약 여러분이 부동산 투자를 했는데 아무런 소비자가 없다면 어떨까요? 텅 비어 있는 공실 문제처럼 여러분의 마음도 텅 빌 수밖에 없죠. 따라서 부동산은 실사용자인 브랜드가 필요한 법입니다. 결국, 부동산을 바라볼 때 투자 수단으로 평가하는 것과 마찬가지로 활용 방법을 고민해야 됩니다. 브랜드가 잘 활용한 부동산을 살펴보면 브랜드 성장의 과정과 부동산 가치 증가 결과 모두를 배울 수 있습니다.

저는 명품 브랜드, 백화점, 외국계 컨설팅, 부동산 디벨로퍼의 업무를 통해 브랜드와 부동산 두 분야는 이어질 수밖에 없다는 결론에 이르렀습니다. 부동산을 잘 이해하는 브랜드는 장기적으로 크게 성장할 수밖에 없고, 브랜드를 잘 이해하는 부동산은 더 가치 있는 공간이 될 수밖에 없습니다. 중요한 건 양 측면을 이해하기 위한 노력과 학습입니다.

스티브 잡스가 애플을 차고에서 시작한 것처럼, 지금은 유명한 브랜드가 되었지만 작고 협소한 4평 남짓 공간에서 시작한 기업이 많습니다. 그 덕분에 해당 부동산의 가치 또한 상승했고요. 예능 방송에 나온 어떤 한 사람의 인생 속에서 배움을 얻을 수 있듯, 브랜드 탄생 과정을 살펴보면 그 안에 배울 점이 분명 있습니다. 부동산을 전략적으로 사용한 브랜드 내러티브를 이해할 수 있다면 공간 가치를 극대화시키는 통찰력을 얻을 수 있습니다.

누구에게 도움이 될까?

불리한 지리적 조건을 잘 활용해 핫플레이스를 만든, 작지만 강한 브랜드들의 입지 전략과 공간 활용법을 소개하므로 부동산 투자의 관점에서 이 책은 분명 도움이 될 것입니다. 각 글의 끝에 소개한 'TIP BOX'에 담긴 브랜드 인근 거래 사례를 통해 실제 브랜드가 부동산 가치에 어떤 영향을 미치는지도 가늠해 볼 수 있습니다. 무엇보다 부동산과 공간을 활용한 다양한 사례는 앞으로 브랜드를 이끌어 갈, 나만의 작은 브랜드를 막 시작한 분들에게 성공의 힌트를 제공할 것입니다. 4평, 반지하 등 작고 낡은 건물과 낙후된 상권을 역이용해 발길이 끊이지 않는 공간으로 탄생시킨 브랜드의 입지 전략에서 좋은 자리를 알아보는 안목, 브랜드 운영 팁을 나의 자산으로 만들 수 있습니다.

마지막으로 우리의 일상이 더욱 풍부해질 수 있습니다. 요새는 많은 레스토랑에서 음식 식자재에 대한 설명을 들려주곤 합니다. 어떤 식자재가 어떤 조리 과정을 거쳐 나왔으며 어떤 맛을 느낄 수 있다는 설명을 듣는 것과 그렇지 않은 것에는 경험의 큰 차이가 있습니다. 모든 결과는 과정이 수반되며, 그 과정 속 정보를 알면 알수록 결과물의 가치를 더욱 잘 이해하고 느낄 수 있는 것이죠. 심리학, 신경과학에서 스키마 활성화라는 용어가 있습니다. 스키마는 우리가 세상을 이해하는 데 도움이 되는 지식의 틀이나 체계인데, 특정 주제에 대해 스키마를 형성한 상태에서 관련된 새로운 정보나 경험을 하게 되면, 그 정보를 보다 잘 이해할 수 있게 됩니다. 이 책이 브랜드-부동산 관계의 스키마를 여러분께 제공할 수 있을 것입니다.

책은 부동산의 특성에 따라 크게 다섯 가지로 구분됩니다. 작은 부동산부터 땅 부동산까지 점진적으로 규모가 커져 가면서 브랜드가 부동산을 어떻게 사용했는지를 살펴볼 수 있습니다. 각 브랜드별로 궁금한 점이 있다면 브랜드에 해당되는 챕터를 살펴봐도 좋고, 각 부동산별로 궁금한 점이 있다면 부동산의 특징에 맞게 내용을 참고하실 수 있습니다. 하지만 순차적으로 4평부터 시작해 땅을 개발한 사례까지 브랜드가 어떤 역할을 했고, 어떻게 부동산 및 공간을 활용했으며 결과적으로 가치가 어떻게 달라졌는지를 살펴본다면 브랜드가 살린 부동산에 대해 명확히 이해할 수 있을 것입니다.

브랜드와 부동산을 결합하라!

'전체는 부분의 합보다 크다'라는 말이 있습니다. 애플은 휴대폰과 아이팟(음악 플레이어)을 결합한 아이폰을 세상에 내놓았습니다. 아이폰은 휴대폰과 아이팟 결합 그 이상의 혁신이 되었죠. 세상에 완전히 새로운 건 없다고 합니다. 무조건적인 하나의 새로운 발명을 하기보다 상호 보완적인 두 가지 측면을 잘 결합하는 게 더 나은 서비스, 삶을 즐길 수 있는 방법이 될 수 있습니다. 브랜드와 부동산도 마찬가지입니다. 두 가지를 함께 이해한다는 건 일상 속 공간의 활용과 투자를 하나의 큰 틀로 인식하는 시작이 될 수 있습니다. 브랜드와 부동산은 각각으로 존재하지만 오프라인이라는 공간으로서 만나는 접점이 있습니다. 그리고 그 접점은 작은 공간에서부터 시작되며, 브랜드가 부동산을 활용한 작은 시작점을 통해 하나의 틀인 스키마를 형성할 수 있습니다. 이 책을 통해 브랜드와 부동산이라는 두 가지 측면을 하나의 시선으로 볼 수 있는 계기가 되었으면 합니다.

결국, 브랜드와 부동산은 하나입니다.

차례

3부 HOUSE 주거 부동산을 살린 브랜드

4부 OLD 오래된 부동산을 살린 브랜드

5부 LAND 땅 부동산을 살린 브랜드

SMALL

1부

작은 부동산을 살린 브랜드

4평이면 충분하다

그랑핸드

작은 첫걸음부터

무언가 처음 시도한 기억이 있으시나요? 혼자 해외여행을 떠나거나, 처음 페달을 밟고 두발자전거를 타거나 심지어 프라이팬 위 계란을 터뜨리지 않고 성공적으로 뒤집거나 하는 사소한 모든 것에도 처음이 있었습니다. 그 시작은 분명 아슬아슬했고 긴장의 연속이었고 조금 어설프기 마련입니다. 하지만 첫 경험이 익숙해지고 자연스러워지면서 점차 경험의 확장이 이뤄집니다. 가까운 나라가 아닌 머나먼 중남미로 여행 계획을 세워 볼 수 있고, 두발자전거에서 나아가 오토바이나 자동차 운전을 시도해 볼 수 있죠. 달걀프라이에서 해물파전을 뒤집어 볼 수도 있습니다.

업무 차원에서 처음 시작한 지 얼마 안 된 브랜드를 만난 적이 있습니다. 브랜드를 론칭한 지 6개월에서 1년 남짓한 곳의 대표님과 미팅을 하면 무수히 끓어오르는 열정과 아이디어에 좋은 기운을 얻곤 했는데요. 그중에서도 짧은 시간 동안 많은 사람들의 관심과 발길을 이끈 곳들은 분명 브랜드만의 특별한 힘이 있었습니다. 작은 면적의 공간이지만 브랜드의 아이덴티티가 명확하게 담겨 있고 방문하는 사람들의 만족감은 공간의 면적과는 다르게 매우 컸습니다. 만약 여러분이 새로운 브랜드를 하고 싶다면, 적어도 그런 생각이 마음 한 켠에 있다면, 작은 공간을 가득 채우는 브랜드에 주목해야 됩니다. 작은 자본으로 작은 부동산을 활용해 큰 브랜드를 만든 시작점은 분명 다르기 때문입니다.

자신의 브랜드에 대한 믿음

그랑핸드는 향 전문 브랜드입니다. 향수를 좋아하는 사람들 사이에서는 독보적인 국내 향 브랜드로 인식되고 있는 곳입니다. 그렇다면 그랑핸드의 공간은 어떤 특성을 갖고 있을까요? 그랑핸드의 매장은 지점별로 조금씩 차이는 있지만 '단아함'이라는 단어가 공간 속에서 자연스럽게 떠오릅니다. 자극적이지 않은 색채와 온화한 조도는 공간을 방문하는 소비자들로 하여금 향을 음미하기에 최적의 장소입니다. 그 속에서 코끝을 놀라게 만드는 감미로운 향의 효과는 더욱 배가됩니다. 제품의 패키지 및 제품 또한 공간의 연장선에 있는데요. 베이지 톤의 케이스, 투명한 유리병에 담긴 따스한 색감의 향수는 이솝(호주의 고급 화장품 브랜드)을 떠올리게 만들기도 합니다. 그런 이유 때문인지 '한국의 이솝'이라는 별칭을 얻기도 했죠.

포털 사이트에 '그랑핸드'를 검색하는 순간 특이한 점을 깨닫게 됩니다. 여느 뷰티 브랜드들은 인터넷에 검색했을 때 백화점, 온라인몰 등 수십 개의 채널에서 구매를 할 수 있습니다. 하지만 그랑핸드는 자사 브랜드의 온라인 스토어와 오프라인 스토어, 일부 소수의 플랫폼에서만 구매가 가능합니다. 브랜드가 지향하는 하나의 '색'을 오프라인을 넘어 온라인에서도 유지하려는 것인데요. 사실 브랜드를 운영하는 입장에서 다양한 판매 채널을 포기하기란 백반집에서 나눠 주는 여러 가지 밑반찬을 포기하는 것과 같습니다. 백반집에서 한두 가지 음식만 주문해도 여러 가지 밑반찬이 나오듯, 온라인 채널 한두 군데에만 제품을 등록하면 여러 채널에서 연락이 오기도 합니다. 물론, 맛있는 백반 메뉴처럼 좋은 제품의 브랜드여야겠지만요.

어쨌든 자신의 브랜드가 많은 채널에서 판매되면 자연스럽게 매출 볼륨을 키울 수가 있습니다. 기업을 운영하는 것은 결국 이윤을 추구하기 위함인데, 그랑핸드는 빠르게 속도를 높이기보다 천천히 내실을 다진 케이스입니다. 브랜드에 대한 확실한 믿음과 끈기 있는 투지가 있지 않고서는 결코 내리기 어려운 방향성입니다. 그렇기 때문에 한국의 이솝이라는 타이틀도 얻을 수 있지 않았을까요?

그랑핸드 매장의 내부 모습 | 직접 촬영

걷는 즐거움이 가득한 골목

2014년에 론칭한 그랑핸드 1호점은 서울 북촌에서 시작했습니다. 이 지역을 좋아하던 대표는 1호점을 찾기 위해 여러 장소를 물색했고, 오래된 한옥에 작은 공간으로 시작하기 안성맞춤인 북촌점을 1호점으로 오픈하게 되었습니다. 그리고 1호점이 큰 인기를 끌자 주변 지역에 2호점을 오픈하기에 이릅니다. 1호점도 큰 규모의 장소는 아니었지만 인근에 위치한 2호점은 더 작은 규모의 매장이었습니다. 규모는 작지만 고객들이 방문하기에 용이하고 제품을 구매하기에 충분한 공간이기 때문에 2호점에 대해 분석해 보고자 합니다.

2호점은 북촌의 작은 골목에 위치해 있습니다. 서울시 종로구 소격동에서 4평 남짓한 작은 쇼룸을 운영하고 있는데요. 이곳은 경복궁부터 시작해 다양한 한옥이 즐비한 장소이기도 합니다. 외국인들이 서울 여행을 오면 가장 먼저 방문하는 곳 중 하나죠.
그랑핸드 매장의 경우 안국역에서 도보로 9분 거리에 위치해 있습니다. 역에서 나와 서울공예박물관을 거치는 감고당길은 봄이면 울창한 나무와 여러 가지 플리마켓 등의 행사로 인산인해를 이루는 곳이기도 합니다.

보고 싶던 드라마를 보기 위해 TV 광고를 멍하니 보신 적 있으시죠? 만약 광고가 없이 빈 화면만 나온다면 어떨까요? 5분이 한 시간 같을 것입니다. 몇십 초마다 바뀌는 광고의 효과는 정보 제공과 제품 홍보에도 있지만 소비자의 지루함을 극복시켜 주기도 합니다. 골목길 또한 마찬가지입니다. 그랑핸드 소격점으로 향하는 골목에 숨은 다양한 이벤트들이 TV 속 광고와도 같은 효과를 지닙니다. 설령 다양한 이벤트가 없더라도 인사동 맞은편의 서울공예박물관에서 정독도서관까지 나 있는 감고당길만으로도 9분이라는 시간이 짧게 느껴질 수 있습니다. 감고당길은 푸르른 녹음과 돌담길, 한옥이 한데 어우러져 서울의 걷기 좋은 길로 정평이 나 있기 때문에 걷는 즐거움이 배가될 수 있습니다.

건축가 유현준은 저서 《도시는 무엇으로 사는가》에서 '이벤트 밀도'라는 용어를 언급했습니다. 100m 구간에 있는 매장의 입구 수를 뜻

안국역에서 그랑핸드 소격점까지 걸어가는 길에는 미술관, 박물관 등 볼거리가 가득하다.
출처: 카카오맵(https://kko.to/9ipsaDKdHv)

감고당길 전경 | 직접 촬영

합니다. 이를 적용시키면 안국역에서 그랑핸드까지의 이벤트 밀도는 매장의 입구 수 외에 자연 경관과 각종 건물들로 밀도율을 높일 수 있습니다. 즉 걷는 즐거움이 가득한 골목인 셈이죠.

그랑핸드 인근의 국립현대미술관 뒤편에는 잘 관리되어 있는 기와집 건물이 있습니다. 바로 경근당과 옥첩당인데요. 이곳은 조선시대 관공서 중 가장 높은 등급의 관아였다고 합니다. 건물의 목적을 알지 못하더라도 국립현대미술관을 방문한 사람이라면 뒤 켠에 마련된 드넓은 공원과 기와집 건물을 만난 적이 있을 것입니다. 저 또한 머릿속을 정리하고 싶을 때면 이곳에 자리를 잡고 시간을 보내기도 합니다. 여기서 자연스럽게 이어지는 길이 율곡로1길이고 조금만 걸으면 그랑핸드 소격점이 위치해 있습니다.
그랑핸드의 본 매장은 입지적으로 탁월한 선택이었습니다. 국립현대미술관과 고풍스러운 기와집 건물의 기운을 느낀 사람들이 가장 먼저 발견하게 되는 향 브랜드이기 때문이죠. 더군다나 이곳은 오래된 와즙 즉 기와 지붕과 목조 구조의 건물입니다. 한국적인 공간감을 느낄 수 있으면서 좁은 골목을 가득 채우는 향도 사람들의 발길을 이끌기 충분합니다.

소형 부동산 소유주의 니즈

이곳은 1978년도부터 한 명의 개인이 갖고 있는 건물로 그랑핸

▲ 그랑핸드 이전의 모습 | 출처: 카카오맵(https://kko.to/ig7lpPOUsL)

▼그랑핸드 리뉴얼 후 | 직접 촬영

드가 사용하고 있는 한옥 건물과 그 옆의 2층 구조의 벽돌 건물이 같은 소유자의 부동산입니다. 그중 한옥 건물 일부는 원래 과자나 패션, 소품 등을 판매하는 매장으로 사용되고 있었습니다. 가판대를 설치하고 유동 인구에게 노출시키는 전형적인 골목 상권형 매장이었죠. 하지만 그랑핸드가 이곳을 사용하면서 전혀 다른 색깔을 입혔습니다.

그랑핸드 소격점의 리뉴얼 전 매장 입구는 폴딩도어(겹쳐서 여닫을 수 있는 문)였습니다. 따라서 날이 좋은 날엔 문을 활짝 개방시켜 두곤 했습니다. 좁은 골목을 가득 채우는 향은 소비자의 발길을 붙잡는 강력한 마케팅이기도 하죠. 유혹에 이끌려 내부에 들어서면 외부에선 보이지 않던 한옥 골조가 눈에 띕니다. 천장을 가득 메운 목재 골조는 동네의 한국적 분위기를 충분히 공간에서 느낄 수 있게 만듭니다. 협소한 탓에 매장 중앙에 집기 등을 설치하는 게 비효율적이기도 합니다. 고객들이 움직이면서 제품을 파손시키거나 하는 위험도 존재하죠. 따라서 벽면을 따라 디스플레이된 제품은 자연스럽게 고객 동선의 활용도를 높였습니다. 그리고 구석에 마련된 결제 구획까지 작은 면적의 공간에서 가장 심플한 동선 구조를 뽑아낼 수 있었죠.

부동산 투자의 관점에서 해당 지역은 그리 선호되는 곳은 아닙니다. 용도지구상 1종 일반 주거 지역으로 용적률* 150%대의 2층 건물만 개발이 가능하면서 역사문화특화경관지구에 속해 옥외 철탑이 있는

* 용적률은 전체 대지 면적에 대한 건물 연면적의 비율로 '연면적/대지 면적'의 공식으로 구할 수 있습니다.

골프연습장, 창고 시설, 공장, 세차장, 차고 등 특정 시설들의 용도 제한이 있는 곳이기도 합니다. 또한 역사문화환경보존지역으로 경근당와 옥첩당이 국가지정문화재로 등록되어 있어서 100m 내에 속하는 지역은 문화재 보존에 우려가 있을 수 있는 행위를 할 경우 문화재청장의 허가를 받아야 되며 건설공사 시 인허가를 담당하는 행정기관의 검토를 받아야 되는 곳이기도 합니다.

동시에 시도지정문화재로도 등록되어 있어서 건설공사 시 그 시행이 문화재 보존에 영향을 미치는지 여부를 각 기초지자체장에게 검토를 받아야 됩니다. 이렇게만 알아봐도 벌써부터 머리가 지끈거리시죠?

그랑핸드 소격점의 토지이용계획 등 열람 자료 | 출처: 토지이음

많은 제약 사항이 도사리고 있는 지역이기 때문에 인근 건물 대부분이 원형의 형태를 유지하거나 일부 리모델링만을 진행한 경우가 많습니다. 인근 도로만 둘러봐도 2층 건물이 나란히 줄 서 있는 것을 알 수 있습니다. 따라서 임대인 입장에서는 건물을 개발하거나 급격한 자산 가치가 상승하지 않는 이상, 꾸준한 임대료 수익이 가장 중요한 곳이기도 합니다.

대개 브랜드의 입장이자 임차인의 입장에선 이런 사항들은 간과하기 마련입니다. 대부분 건물 내부의 인테리어 공사만을 염두에 두기 때문인데요. 매장을 운영할 지역을 선택할 때 이런 부동산적 측면을 건물주의 관점에서 생각하는 자세가 중요합니다. 건물주의 입장에서 건물 공사가 난해하고 인근의 활발한 개발 계획 가능성이 낮다면, 급격한 자산의 가치 상승을 기대하기 어렵습니다. 또한 국가, 지자체의 여러 제약 사항이 있는 토지는 건물 증축 혹은 옆 부지와 함께 개발을 하기도 어렵죠. 반대로 활발한 개발이 가능한 지역일 경우, 일정 기간 동안 공실이 나도 부동산 개발의 가능성이 존재하기 때문에 자산을 매각하기 수월하며, 증축 혹은 옆 부지 매입 등을 고려할 수도 있습니다. 따라서 이런 제약 사항이 있는 지역에 속한 토지 및 건물은 꾸준한 임대료 수익이 무엇보다 중요합니다. 이 관점은 심리적으로도 영향을 미쳐서 임대료 책정 및 금액 협의에도 활용할 수 있겠죠.

만약 여러분이 당장 급전이 필요한 상황인데, 샤넬 가방을 갖고 있다고 생각해 보세요. 주변 지인이나 인터넷을 통해 샤넬 가격이 매년 상승한다는 뉴스를 접합니다. 그럼 과연 샤넬을 되팔고 싶을까요? 아마

다른 방법을 통해 급전을 구하지 않을까요? 그런데 샤넬 브랜드의 가치가 하락했다고 합니다. 더 이상 예전의 명성을 찾아볼 수 없고, 시간이 지나더라도 예전의 샤넬이 아닐 것만 같습니다. 그러면 중고마켓에 올려 보지 않을까요? 부동산 또한 마찬가지입니다. 자신이 갖고 있는 건물이 속한 토지, 지역의 개발 가능성이 낮다면 어떤 특별한 호재를 기대하기 어렵습니다. 대신 건물을 누군가에게 팔거나 혹은 오랫동안 사용해 줄 임차인이 있다면 반가운 소식일 것입니다. 즉, 브랜드의 운영만 원만히 이끌 수 있고, 임대료 지불만 수월하다면 오랜 세월 동안 매장을 운영하기 적합한 장소가 될 수 있는 것입니다.
물론 이 지역은 관광으로 유명한 곳이라 부동산 임대료가 저렴하지 않습니다. 하지만 그랑핸드가 발견한 4평 남짓한 소형 면적을 활용하면 임대료로 지출되는 총비용 또한 낮출 수 있습니다. 만약 전용 평당 40만 원 정도라고 가정해 보아도 월세 기준 200만 원이 되지 않습니다. 물론 작은 면적에서 지불하기에는 과도한 임대료라고 생각할 수도 있습니다. 하지만 유동 인구가 많은 지역이면서 국립현대미술관과 인접한 근사한 골목길을 품을 수 있는 곳임을 감안했을때, 하루에 3만 원짜리 제품을 3개만 판매한다는 목표를 세우면, 월세는 충분히 지불할 수 있지 않을까요? 물론 제품을 판매한 금액 전액이 임대료로 들어간다는 것은 말이 안 되지만, 그만큼 최소한의 목표를 세우면 분명 더 나은 결과를 가져올 수 있습니다.

분명한 건 해당 부동산 소유주는 그랑핸드가 문을 연 2014년부터 오랜 시간 동안 건물을 편안하게 운영해 왔다는 것입니다. 잠깐만 영업하다가 망하고 폐점하는 곳이 아니라 10여 년을 꾸준히 운영하는 우량한 임차인이기 때문이죠. 하지만 반대로 생각해 보면 브랜드를 운영하는 관점에서 이런 입지적 강점을 갖추고 있으면서 작은 면적에 저렴한 임대료로 사용이 가능한 곳을 발견한다면 행운이 아닐 수 없습니다. 결국 이 지역 인근에 대한 높은 이해도와 꾸준한 관심으로 찾을 수 있는 위치인 것이죠. 브랜드의 첫 시작을 알리는 장소 선정의 중요성이 두드러진 대목입니다. 꼭 큰 평형의 공간에서 시도할 필요는 없습니다. 우리 모두의 시작은 작고 미비하니까요. 하지만 그 작음 속에서 최대의 효과를 발휘할 수 있는 지역, 입지, 장소를 찾는 건 온전한 당사자의 몫입니다. 얼마나 관심을 갖고 발품을 팔며 그곳에서 어떤 기획, 서비스 및 제품을 보여 줄지 고민하는 자세가 필요한 법입니다. 만약 여기저기 돌아다니는 발품이 힘들다면, 여러분이 지내고 있는 반경으로 시선을 좁혀 볼 필요가 있습니다. 다음 장에서는 본인들이 살고 있는 아파트 건물에서 탁월한 장소 선정을 한 브랜드와 부동산을 살펴보겠습니다.

TIP BOX

브랜드와 부동산의 상관관계

그랑핸드 소격점

그랑핸드는 향 브랜드입니다. 많은 소비자들이 오가는 길목인 소격점은 사람들의 발길을 향으로 붙잡을 수 있는 입지였습니다. 또한 단아한 콘셉트의 브랜드로 북촌 지역의 동양적인 분위기와 일맥상통하여 브랜딩에도 도움이 되었습니다. 그리고 작은 공간을 운영해 적은 고정비용 대비 높은 매출로 브랜드의 캐시카우 역할을 하는 부동산 매장으로 자리 잡았습니다.

지도 속 A는 그랑핸드 소격점의 건물을 표기한 것이다. 1~4까지는 그랑핸드 인근 건물 및 토지의 거래 사례를 표기한 것이다. 사례 기준은 그랑핸드가 입점한 이후 사례를 우선으로 인근에 위치해 있으면서 브랜드가 입점된 건물과 유사한 건물 면적이거나 토지 면적을 기준으로 선정했다. 연면적은 건축물의 각 층 바닥 면적의 합계를 뜻하며, 건물이 없을 경우 공란으로 표기하고 거래 가격만 기입했다. 모든 입지가 같을 수 없으므로 시기적으로 연면적 평당, 토지 평당 가격이 연도별·위치별로 어떻게 달라졌는지 보기 위한 데이터이다. 어떤 브랜드의 가치가 높아지면 해당 부동산과 인근 부동산도 그 영향을 받을 수 있음을 보여 주는 자료이다. 단, 입지 환경 등에 따라 다르기 때문에 무조건적인 비례는 아니라는 점을 밝혀 둔다(이 내용은 본문의 모든 'TIP BOX'에 적용된다).

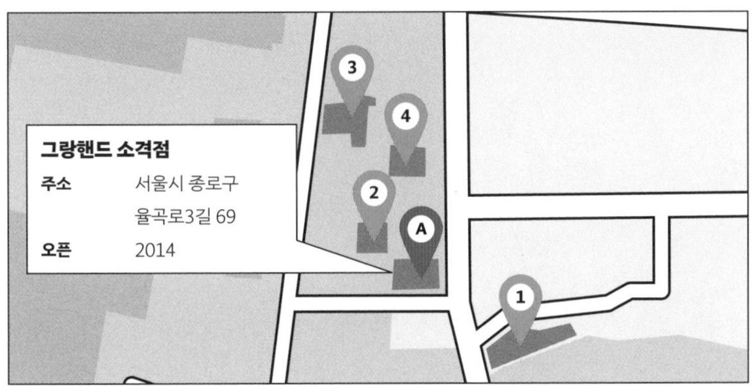

• 출처: 자체 조사, 네이버부동산, Disco, 밸류맵, 서울시 상권분석서비스 | 단위: 만 원
• 위 지도에서 각 부동산 면적의 크기는 위치 비교를 위해 실제보다 크게 표기했다.

뷰포인트	공간 내에서 외부를 바라볼 때, 즐길 수 있는 전경(자연뷰, 시티뷰 등)이 있는지
접근성	고객이 방문하기에 얼마나 편리한지, 지하철, 버스 등 대중교통 접근성은 용이한지
가시성	외부에서 눈에 잘 띄는지, 파사드(건물의 출입구가 있는 정면부)가 잘 보이는지
공간감	내부 공간의 볼륨, 규모감 혹은 인테리어로 외부와 다른 성격의 공간 특성이 있는지
차별성	기존 브랜드의 부동산을 활용한 공간 기획과 얼마나 차별점이 있는지

아파트 1층에
마켓을 만들다

보마켓

우리 집 1층에 마켓이 있다면?

여러분은 어떤 주거 형태에 거주하시나요? 통계청에 따르면 우리나라 전체 주택 중 공동 주택(아파트, 연립, 다세대 주택)이 차지하는 비율이 78%가 넘는다고 합니다. 특히 아파트는 총 주택 수의 64% 정도라고 하니, 지나가는 사람 2명 중 1명은 아파트에 산다고 해도 과언이 아니겠네요. 아파트에 살면 이런 일이 생길 수도 있습니다. 무언가 먹고 싶은데 냉장고가 비어 있는 날, 근처 마켓이나 편의점을 가자니 생각보다 많이 걸어가야 하는 경우입니다. 특히 아파트가 대단지 중 끝자락에 위치하거나 오르막길에 자리 잡고 있으면 이 고민은 더 심각해지는데요. 마트를 가는 것 자체가 운동이 되어 버릴 수 있는 한여름이면 고민을 넘어선 역경이 되기도 하죠. 물론 배달이라는 손쉬운 방법이 있지만, 항상 배달비를 지불하며 물건을 구매하는 것도 약간의 죄책감이 들기 마련입니다. 그러다 보니 대단지 아파트 초입에는 일정 규모 이상의 마켓들이 많이 있습니다. 수요가 있으니 공급이 받쳐주는 것입니다. 그런데 우리 집 1층에 마켓이 있다면 어떨까요? 생각만으로 몸이 가벼워지지 않나요?

세련된 식료품점 1세대

최근 눈에 많이 띄는 공간 콘셉트 중에 '그로서리 마켓'이 있습니다. 'Grocery'는 '식료품점'을 의미하는데 라이프 스타일이라는 콘셉트와 한데 묶여 디자인적으로 감각 있는 치약, 플레이트, 식료품 등을 함께 판매하는 공간이 되었습니다. 지금은 여타 브랜드에서도 각자의 제품뿐만 아니라 다른 카테고리의 라이프 스타일 굿즈, 식자재를 함께 구성해 매장 디스플레이를 하고 있습니다. 불과 몇 년 전만 해도 다른 종류의 제품이 한곳에 모일 수 있다는 생각을 하기는 어려웠습니다. 하지만 보마켓의 등장으로 식료품도 세련될 수 있음이 증명되었습니다.

보마켓은 2014년에 시작된 작은 그로서리 마켓이었습니다. 브랜드의 대표 부부가 살고 있는 서울 한남동 남산맨션 1층에 보마켓을 마련한 것인데요. 본인들이 거주하고 있는 아파트 1층에 슈퍼마켓, 편의점이 없다 보니 필요해서 직접 마켓을 만들게 된 경우입니다.

남산맨션과 관련된 유명한 이야기가 있습니다. 바로 대한민국 건축가 1세대인 김수근 씨가 건축한 아파트라는 것입니다. '남산맨션 김수근'을 검색해 보면 여러 매거진이나 글귀에서 김수근 씨가 지은 건축물에 사는 패셔너블한 사람들에 대한 이야기를 쉽게 찾을 수 있습니다. 패션 스타일은 물론 집 안 인테리어도 남다른 감각을 선보인 사람들이 대부분이었는데요. 그 덕분에 남산맨션 자체가 더 유명해지기도 했죠. 하지만 아쉽게도 해당 건물은 김수근 씨가 지은 건물이 아닙니다. 김수근 재단 사이트에 명시되어 있는 남산맨션의 위치는 현재 남산야외식물원 주차장입니다.

또 하나 재미있는 사실이 있는데 바로 남산맨션이 '호텔'이라는 것입니다. 실제로 건축물대장(건축물 및 그 대지에 관한 현황을 자세히 기록한 문서)을 살펴보면 용도상 '관광호텔'로 명시되어 있는데요. 개발 당시에는 호텔로 용도 허가를 받았지만 현재는 아파트로 사용되고 있습니다. 즉, 지금 남산맨션에 살고 있는 사람들은 실제로는 호텔 용도의 건물에 살고 있다는 이야기입니다. 실제 남산맨션의 호텔스러운 특징은 1층 출입구에서 찾을 수 있습니다. 바로 호텔 입구에서 주로 보이는 포르테 코셰(Porte Coche)입니다. 호텔을 방문하면 발레파킹을 맡길 수 있으면서 비와 눈을 피할 수 있는 큰 지붕의 출입구가 있는데 그것이 바로 포르테 코셰입니다. 남산맨션의 입구는 포르테 코셰의 형태처럼 큰 지붕을 자랑합니다. 또한 실제 주민들에 따르면 층간 소음도 덜하다고 합니다. 호텔로 운영할 계획이었기 때문에 구조적으로도 슬래브 등을 두껍게 한 게 아닐까 추측할 수 있는 대목이기도 합니다. 또한 건물 내부 복도는 호텔스러운 특징이 여지없이 드러나는데요. 기다란 복도 형식에 집집마다 걸려 있는 조명은 옛 미국 영화에서 볼 법한 오래된 호텔 내부를 떠올리게 만듭니다.

여러 가지 호텔 건축물의 특징을 발견할 수 있는 남산맨션은 부동산 금융적으로도 호텔의 영향을 받고 있는데요. 바로 대출이 어렵다는 것입니다. 건축물의 용도가 호텔이다 보니 주택 담보 대출이 불가능한 것이죠. 그 말인즉 건물을 매입할 때 순수 현금에 가까운 자금을 충당해야 된다는 이야기입니다. 물론 사업자 대출이나 기타 대출을 활용할 수는 있지만 적어도 주택으로 받을 수 있는 대출 및 금융 조달에는 한계가 있는 부분이죠.

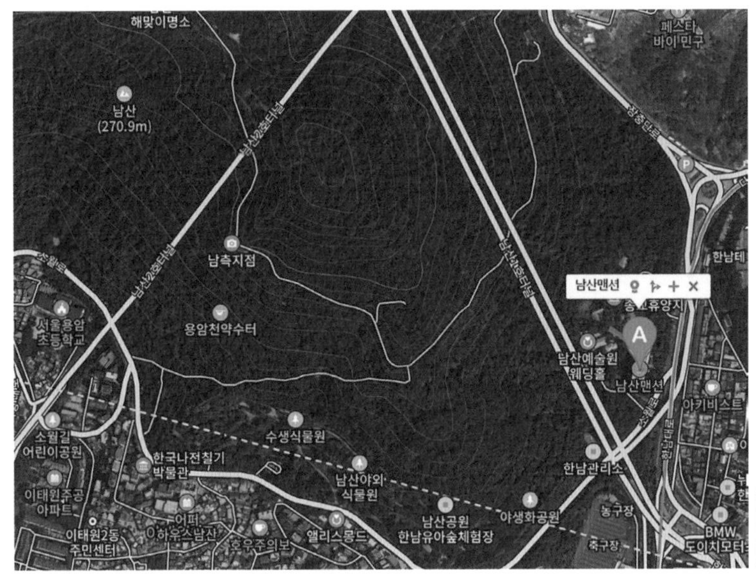

남산공원 내 남산맨션 | 출처: 카카오맵(https://kko.to/Nxf_BIEXEZ)

하지만 남산맨션은 남산공원 내 유일한 아파트라는 사실만으로 그 희소성을 충분히 증명하고 있습니다. 실제 남산공원을 하늘에서 내려다보면 남산맨션 외에는 아파트를 찾아볼 수 없습니다. 호텔이라는 용도로 대출 등에 제한이 있지만 개성 있는 건물이기 때문에 세련된 감각의 사람들이 많이 거주하고 있는 것도 사실입니다. 바로 이곳에 보마켓 1호점이 문을 열었습니다.

유일한 아파트의 유일한 마켓

사실 남산맨션 1층은 일반적인 브랜드를 시작하기에 결코 좋은 곳이 아닙니다. 먼저, 앞서 그랑핸드 사례에서 살펴보았던 대중교통 접근성에 있어서 큰 한계점이 있습니다. 한강진역에서 도보로 13분 정도지만 연이은 오르막길을 오르면서 거의 다 도착했다고 생각될 무렵, 피날레로 높은 계단까지 버티고 있어서 자연스러운 다이어트를 유도합니다. 이곳은 보마켓 이외에는 다른 즐길거리가 전무하기도 합니다. 지금은 특색 있는 매장이나 팝업을 종종 볼 수 있지만 과거에는 일부러 찾아갈 만한 매장이 없던 평범한 주거 시설이었습니다. 그런데 보마켓은 왜 이곳에서 브랜드를 시작했을까요? 바로 수요와 공급에 대한 이해 때문입니다.

앞서 설명했듯, 남산맨션은 남산공원을 품은 유일한 아파트입니다. 총 세대수는 138세대로 나홀로 아파트에 가까운데요. 덕분에 희소성이 있는 시설이지만 그만큼 편의 시설이 부족한 곳입니다. 따라서 주민들이 실생활에 필요한 식료품과 식자재를 구입하기에도 어려움이 많습니다. 쉽게 살펴보면, 근처에 편의점 하나가 없는 곳이기도 합니다. 가장 가까운 편의점이 300*m* 안에 2개 정도 있지만 실제로 방문하기 위해선 횡단보도 2개를 건너고 육교 1개를 지나야 하며 계단은 2번 오르락내리락해야 됩니다. (입주민의 건강 관리로 이만한 것도 없겠네요.) 물론 '요즘 같은 시대에 배달시키면 그만이지?'라고 생각할 수도 있습니다. 보마켓 초창기에는 배달앱이 활성화되지 않았을뿐더러, 매일 배달 주문을 하면 배달 기사도 꽤나 불평할 장소였을 것 같습니다. 결국 거주민의 불편 사항을 누구보다 잘 알았던 유보라 대표는 보마켓이라는 작은 동네 슈퍼마켓을 만들게 됩니다. 보마켓 남산점은 남산맨션 가장 끝 귀퉁이 1층에 자리 잡고 있는데요. 매장 면적은 4~5평 정도 되는 매우 협소한 공간입니다. 하지만 작은 입구를 검정 페인트로 칠하고 그 위에 같은 컬러 어닝(차양)을 설치했습니다. 간단한 테이블과 의자를 배치해 바로 앞에 주차되어 있는 차량에도 불구하고 남산공원의 녹음을 충분히 즐길 수 있는 장소로 탈바꿈시켰습니다. 거기에 깔끔한 폰트의 'BOMARKET'으로 마무리를 지었죠. 내부를 살펴보면 한 켠에는 싱싱한 채소와 과일 그리고 와인이 디스플레이된 오픈형 냉장 쇼케이스가 있습니다. 반대편에는 파리의 작은 마켓을 연상시키는 아기자기한 식기류, 소품 등이 가득합니다. 실제 거주민의 입장에서 필요한 제품이 무엇일지 고민한 흔적이 보이는 대목입니다. 지금이야 이런 류의 예쁜 소품들을 여러 매장에서 쉽게 찾아볼 수 있습니다. 하지만 과연 성수동, 한남동에 주말 나들이로 방문한 사람들이 이런 식자재를 구매하는 빈도가 많을까요? 여러분이 해외 브랜드의 잼을 구매하는 순간이 언제인가요? 구매의 주체인 소비자의 관점에서 제품 및 디자인적 구성을 고민해 볼 필요가 있는 대목입니다.

보마켓 남산점은 이러한 고민 후에 탄생한 그로서리의 시작점이었습니다. 남산맨션이라는 다소 독특한 구조의 건물에 거주하는 감각적인 사람들의 입맛에 맞게 일반적이지만 약간의 디자인적 에지(edge)가 있는 제품을 배치했습니다. 소소하게 그릇을 구매할 수도 있고 내추럴 와인을 하나 구매해 옆에 비치된 치즈 등의 간단한 식자재와 함께

보마켓 남산점의 입구 | 출처: 보마켓

낮술을 즐길 수도 있는 공간이 되었죠. 그리고 이곳은 작은 매장 중앙에 긴 테이블을 배치했습니다. 그 위에 제품을 디스플레이해 가득 채우기보다 비움의 미학을 보였습니다. 바로 주민들이 앉아서 쉴 수 있고, 주인장과 이야기를 나누거나 친구들과 담소를 나눌 수 있는 공간을 마련한 것입니다. 작은 매장일수록 많은 제품을 배치하기 급급합니다. 더욱이 이런 마켓 콘셉트라면 제품을 가득 채우고 고객들로 하여금 구매 후 퇴장하길 권고하는 분위기를 만듭니다. 하지만 보마켓은 인근에 갈 곳 없는(?) 주민들의 사랑방을 만들어 자연스럽게 테이블에 착석을 유도하고 사방으로 펼쳐진 제품들을 구매하게 만들었습니다. 사소하지만 고객의 관점에서 생각한 이런 디테일이 지금의 보마켓을 만든 게 아닐까요?
남산점의 성공으로 보마켓은 인근의 경리단길, 서울숲, 신촌 등으로 매장을 확장하게 되었습니다. 여기서 포인트는 모두 아파트, 주거 시설 내에 입점해 있다는 것입니다. 매장의 위치와 규모는 바뀌었지만 보마켓이 가장 처음 추구했던 주민들이 찾는 사랑방의 역할을 유지하고 있는 것입니다.

일단 고개를 돌려보자

보마켓 남산점은 남산맨션이라는 독특한 주거 시설에 위치한 작은 매장입니다. 브랜드 대표 내외가 이곳에 거주하고 있기 때문에 마켓의 필요성을 절감해 만들어진 곳이기도 합니다. 그렇다면 우리가 남산맨션에 살아야만 이런 브랜드 기획이 가능할까요? 그것보다 지금 우리가 살고 있는 집 주변을 살펴보면 어떨까요? 출퇴근길에 간단한 필수품을 구매하고 싶은 순간이 없었나요? 나른한 주말 오후 집 근처로 걸어 나가 휴식을 즐길 만한 곳은 있나요? 그리고 근처에 3~4평의 작은 공간을 빌릴 수는 없을까요? 시작은 어쩌면 매우 단순할지도 모릅니다. 우선 고개를 돌려 보세요. 그 지점에서부터 브랜드의 역사는 시작됩니다.

브랜드 인터뷰

보마켓 유보라 대표

Q1. 보마켓 1호점 공간은 어떻게 선택하게 되었는지?

제가 거주하는 남산맨션에서 방문할 수 있는 마켓이 없어서 시작한 공간입니다. 마켓을 하고 싶어서 부동산을 찾았다기보다는 물 하나 구매하기 힘든 환경에서 (마켓 오픈 전인 2013년 당시에는 배달 서비스가 활성화되지 않았죠) 제가 출퇴근길에 편하게 갈 수 있는 마켓이 필요하다는 생각에 남산맨션 1층에서 직접 시작했습니다.

Q2. 1호점의 브랜딩은 어떻게 진행됐는지?

저에게 좋았던 공간의 경험을 더하고 싶었습니다. 어린 시절 부모님과 함께 했던 미제 가게의 경험처럼 이국적인 패키지와 그 장소 특유의 향 등이 마켓의 이미지로 크게 각인되어 있었거든요. 그 기억을 공간으로 만들어 보자는 생각을 했습니다. 하드한 산업군의 디자인을 다루는 일을 하다 보니 마켓을 브랜딩하는 일은 저에게 놀이와 같은 즐거움으로 느껴졌어요. 제품과 식품 등을 하나하나 채워 가는 일에 아파트 주민분들도 저와 같은 마음으로 '내가 편하게 이용하고 싶은 동네 마켓 만들기'에 대해 의견을 주셔서 자연스럽게 생활 밀착형 동네 마켓으로 브랜딩되었다고 생각합니다.

Q3. 브랜드를 운영하면서 겪었던 어려움은?

개인의 니즈와 취미로 시작한 마켓이기는 했지만 120여 가구의, 그것도 고관여(高關與) 고객을 매일 만나야 하는 장소라서 상업적 요소들을 두루 갖춰야 했습니다. 1년 365일 매장을 운영하는 약속을 지키는 일도 쉽지 않았고요. 직원이 개인 사정으로 급하게 못 오는 날은 제가 자리를 채우는 주말도 꽤 많았습니다. 덕분에 기본적인 음료와 샌드위치를 만드는 스킬도 늘었죠. 운영은 지금도 그렇지만 하루도 편한 날이 없는 것 같습니다. 제가 일본에서 회사를 다녀야 해서 중간에 보마켓을 정리하려고 했는데, 아파트 주민분들이 제가 없는 동안 보마켓의 안주인 노릇을 해 주시더라고요. 감사한 마음이었습니다. 일본에서 돌아온 후, 남산맨션 주민분들이 1호점을 편하게 이용하실 수 있도록 2호점을 추가로 내게 되었습니다.

Q4. 1호점이 지금의 보마켓을 만드는 데 어떤 역할을 했는지?

보마켓 1호점은 저에게 브랜드를 운영하는 마음가짐을 다지게 해 준 장소입니다. 이제 보마켓을 운영한 지 10년 차가 되는데요. 그동안 만나 온 다양한 분들과의 경험들이 제가 앞으로 나아갈 수 있는 기반이 된다고 생각합니다. 앞으로도 보마켓 1호점이 제 마음가짐이 남아 있는 장소가 되었으면 하는 바람입니다.

Q5. 1호점을 시작할, 미래의 브랜드 대표에게 해 주고 싶은 한마디는?

시작했던 그 마음을 지키세요.

TIP BOX

브랜드와 부동산의 상관관계

보마켓 남산점

보마켓의 본질은 '마켓'입니다. 해당 입지에 살아 보면서 느낀 불편한 점을 토대로 감각적인 마켓을 만들었습니다. 디자이너의 감각이 사람들이 필요로 하는 마켓이라는 니즈를 만났고, 부동산적으로 가장 적합한 아파트 1층에 자리 잡아 주민들의 쉼터 역할까지 할 수 있는 브랜드가 되었습니다.

지도 속 A는 보마켓 남산점을 표기한 것이다. 1~4까지는 보마켓 인근 건물의 거래 사례를 표기한 것이다. 사례 기준은 보마켓이 입점한 이후 사례를 우선으로 인근에 위치해 있으면서 브랜드가 입점된 건물과 유사한 건물 면적이거나 토지 면적을 기준으로 선정했다. 한남대로를 끼고 있고 모든 입지가 같을 수 없으므로 시기적으로 연면적 평당, 토지 평당 가격이 연도별·위치별로 어떻게 달라졌는지 보기 위한 데이터이다.

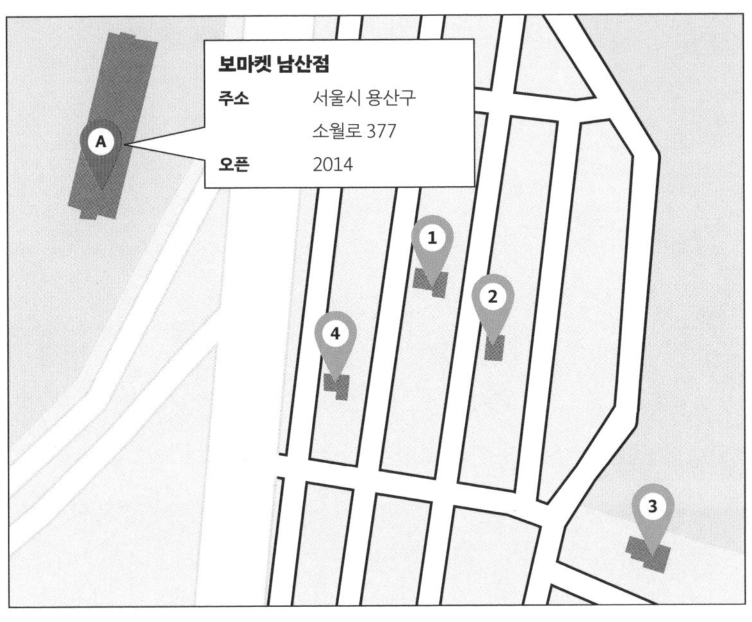

- 출처: 자체 조사, 네이버부동산, Disco, 밸류맵, 서울시 상권분석서비스 | 단위: 만 원
- 위 지도에서 각 부동산 면적의 크기는 위치 비교를 위해 실제보다 크게 표기했다.

100년 시장 속
9평의 힘

어니언

격전지의 추억

어릴 적 어머니의 손을 잡고 찾아 나선 시장은 항상 격전지였습니다. 가격을 조금이라도 깎아 보려고 들이미는 '창'을 든 어머니와 어떤 현란한 공격에도 무너지지 않고 덤덤히, 옆에 있던 시금치 조금 더 얹어 주며 원래 가격을 받아 내는 '방패'를 든 가게 주인의 모습이 전쟁터와 무엇이 다를까요? 전쟁에도 휴전이 있듯 시장에도 꿀 같은 휴식이 있었습니다. 바로 시장 중앙에 마련된 분식 매대였는데요. 빨갛고 커다란 쌀떡볶이 한입과 그 양념을 듬뿍 묻힌 순대 하나면 전쟁에 이긴 것보다 더 큰 희열을 느끼곤 했습니다. 그 전쟁터 속을 어른이 되어 찾아가 보니 사뭇 다른 분위기가 펼쳐졌습니다. 떡볶이, 순대보다는 막걸리, 파전이 시선을 끌고 설렘은 다소 줄어들었죠. 하지만 여기 시장 속에서 새롭게 시선을 끄는 브랜드가 있습니다. 바로 어니언입니다.

성수동에서 쏘아 올린 작은 공

어니언은 2016년도에 성수에서 시작된 베이커리 카페입니다. 성수점을 시작으로 미아점, 안국점을 오픈했습니다. 이 브랜드의 매장 선택은 결코 평범하지 않습니다. 먼저 성수점의 경우 지금의 세련된 모습을 떠올리면 안 됩니다. 당시 성수동은 대림창고가 유일한 카페일 정도로 창고와 공장으로 가득 찬 거리였기 때문이죠. 참고로 대림창고는 1970년대부터 정미소와 공장 부자재 보관 창고로 사용되던 곳을 홍동희 건축가의 제안을 토대로 지금의 카페 겸 복합 문화 공간*의 모습을 갖게 되었습니다. 대림창고라는 성수동의 상징적인 카페 겸 전시관이 과거부터 현재까지 흥행하면서 지금의 성수동의 모습을 갖춰 가기 시작했습니다.

그렇게 막 태동하던 성수동이라는 지역에 어니언은 첫 베이커리 카페를 오픈했습니다. 어니언 성수점은 오래된 주택을 리모델링한 카페입니다. 건물 전부를 허물지 않고 적나라하게 드러나는 콘크리트 및 골조는 노출콘크리트 기법을 잘 보여 주는 카페 공간이기도 합니다. 노출콘크리트 기법은 안도 다다오 건축가가 유행시킨 기법으로 건축물을 만들 때 흔히 사용하는 콘크리트 재료에 대리석, 타일 등의 마감을 하지 않고 콘크리트 자체를 노출시키는 방법입니다. 노출콘크리트는 단순히 심미적 이유만으로 유행이 된 것은 아니었습니다. 건축물을 올린다는 것에는 다양한 제약 사항이 있기 때문에 그 속에서 최선의 방안을 모색하던 중 찾아낸 것이었죠. 안도 다다오는 그의 자서전에서 1970년대에 노출콘크리트를 이용하기 시작한 것은 미학적 의도뿐 아니라 가장 간단하고 저렴한 해결책이었기 때문이라고 밝히기도 했습니다. 벽 안팎을 단번에 마감할 수 있는 노출콘크리트는 제한된 예산과 대지에서 최대한 커다란 공간을 확보할 수 있기 때문이죠. 실제 노출콘크리트 콘셉트의 카페를 운영하는 사장님들이 선호하는 이

* 복합 문화 공간이라는 말은 2000년대 초부터 사용되기 시작했습니다. 미술관, 박물관의 용도가 각각의 항목에 집중하던 것에서 문화, 공연 그리고 F&B(food and beverage, 식음료) 등 다양한 요소들이 함께 사용되면서 복합 문화 공간이라는 개념이 보편화되었습니다.

유 중 하나이기도 합니다.

어니언이 성수동에서 보여 준 공간의 기법은 노출콘크리트의 방법을 사용한 과거와 지역의 연결이었습니다. 과거의 흔적이 남아 있는 명암을 현재의 시점까지 은은하게 가져왔습니다. 그 지역만이 갖는 색이 명확한 성수동을 선택했고 그곳에서 오랜 시간을 버텨 온 건물에 새로운 생명을 불어넣었습니다. 과거에 머물렀을 수도 있는 건물을 지역적 특성에 맞게 새롭게 재탄생시킨 것이죠. 현재의 시점에서 결과물을 비교해 보면 오래된 주택을 리모델링한 카페와 큰 차이점을 못 느낄 수도 있습니다. 하지만 어니언이 성수동에서 쏘아 올린 작은 공 하나가 성수동이라는 지역의 명암을 더 진하게 만들었다는 것은 분명해 보입니다. 그런 어니언이, 마지막 매장을 안국역 인근에 오픈하고 3년 만에 오픈한 곳이 바로 광장시장점이었습니다.

전혀 다른 감각의 카페

광장시장은 100년이 넘은 우리나라에서 가장 오래된 상설 시장입니다. 1950년대 전쟁으로 폐허가 된 곳을 '정치깡패'라 불리던 이정재라는 인물이 토지를 헐값에 매입하고 상인들을 모집해 1959년에 지금의 광장시장 건물을 만들어 냈습니다. 조직폭력배가 운영하는 시장이라니? 상인들의 불만은 없었을까요? 과거에는 시장 상인들로부터 금품 갈취 등을 일삼는 조직들이 많았다고 합니다. 하지만 당시 광장시장을 설립한 이정재는 그런 폐단을 없애기 위해 노력했고 겉으로 보기에는 상인들을 보호하는 보호자 역할을 자처했죠. 광장시장은 대지 면적 약 4만 3,000㎡, 건물 면적 약 8만 5,000㎡에 이르는 3층 규모의 건물입니다. 1953년부터 7년에 걸친 대형 공사로 1, 2, 3층이 각각 별도로 건축되었습니다.

어니언 광장시장점이 자리 잡은 곳은 광장시장 건물이 위치한 초입 반대편에 있는 먹자골목 끝자락입니다. 종로5가역에서 도보로 채 5분이 되지 않는 곳에 위치해 있습니다. 광장시장을 거쳐서 어니언 매장을 갈 수 있다 보니 자연스럽게 광장시장 먹자골목의 빈대떡, 육회 등의 각종 먹거리를 오감으로 즐길 수 있습니다. 현존하는 가장 짙은 전통색을 가진 시장을 거쳐야 하기 때문에 공간적으로도 색다른 맛을 느낄 수 있습니다. 와인을 예로 들면, 와인을 마실 때 향과 맛에 대한 이야기를 듣는 것과 그냥 마시는 것과는 확연한 차이가 있습니다. '이 와인은 초콜릿, 바닐라향이 납니다'라는 말을 듣고 맛을 보면 아득하게나마 그 향을 인지할 수 있죠. 미처 인지하지 못한 정보와 무드를 지각했을 때 보다 다채로운 감각으로 와인의 맛을 즐길 수 있습니다. 광장시장에 위치한 어니언에 가려면 왁자지껄한 시장 상인들의 목소리와 지글지글 기름진 냄새를 풍기는 빈대떡 그리고 잔을 부딪히며 뿜어져 나오는 구수한 막걸리 내음을 지나치게 됩니다. 그리고 마지막에 만나는 어니언 광장시장점은 전혀 다른 감각으로 다가올 수밖에 없겠죠.

▲ 어니언 광장시장점 외부 모습 | 직접 촬영

▼ 광장시장 전경 | 직접 촬영

반대의 법칙: 달라져야 한다

공간의 맛을 다르게 느끼게 하기 위한 방법으로는 이처럼 주변 상권을 이용하는 방법이 있습니다. 모든 공간적 요소를 공간 내부에 넣기보다 주변의 요소들을 방문객들로 하여금 충분히 느끼고 방문하게 만드는 것이죠. 이때 이질적일수록 그 효과는 극대화됩니다. 알 리스와 잭 트라우트의 저서《마케팅 불변의 법칙》에서 소개하는 마케팅 법칙 중 '반대의 법칙(The Law of the Opposite)'이 있습니다. 간단히 말해 1등 브랜드를 넘어서기 위해서 1등보다 더 좋아지려 하기보다 더 달라지려 노력해야 된다는 것입니다. 즉, 무언가 차별점을 만들기 위해서는 더 좋아지기보다 더 달라져야 된다는 것입니다. 공간을 구성할 때도 반대의 법칙을 적용해 이질적인 요소를 주변 환경에서 차용한다면 공간의 특별함을 더 부각시킬 수 있을 것 같습니다. 더욱이 어니언이 위치한 곳은 과거 보신당이라는 금은방이 운영되던 자리였습니다. 60년이라는 세월 동안 한자리를 지켜 오던 과거의 장소를 환골탈태시켰다고 할 수 있는데요. 그 방법으로는 매장과 시장의 경계를 없앤 일입니다. 어니언 광장시장점은 출입문이 없습니다. 시장을 지나가는 남녀노소, 연령에 관계없이 자연스럽게 어니언 매장을 지나가게 됩니다. 그 효과로 시장의 여타 노점상과 크게 다른 점을 느끼기 힘들 정도의 친숙한 풍경을 선사합니다. 덕분에 아무렇게나 놓인 의자에 자연스럽게 사람들이 앉을 수 있게 되고 시장의 분위기와 잘 어울리는 카페가 될 수 있었습니다. 물론 보안을 생각하지 않은 건 아닙니다. 매장 양 끝을 보면 천장 부분에 달린 블라인드로 매장 문을 닫을 때는 외부와의 차단을 유지할 수도 있습니다.

요즘 시장을 방문하면 비나 눈이 와도 편안하게 시장을 이용할 수 있도록 아케이드형 지붕이 설치된 것을 볼 수 있습니다. 광장시장 또한 2002년경 지붕이 설치되어 지금의 쾌적한 공간을 마련하게 된 것인데요. 그 덕에 날씨의 영향을 덜 받게 되고 자연스럽게 시장을 방문하는 사람들의 시선은 1층에 있는 여러 가게로 향하게 됩니다. 마치 마트에서 정육, 신선 코너를 방문한 것처럼 쾌적한 환경을 즐길 수 있습니다. 시시각각 변하는 다채로운 매장들로 인해 시장 속 건물들이 하

어니언 광장시장점의 블라인드 및 천장 마감 | 직접 촬영

나의 유기체인 것 같은 착각이 들기도 합니다. 하지만 잘 살펴보면 각각의 가게는 개별 건물에 속해 있습니다. 시장이라는 하나의 지붕 아래 위치해 있지만 저마다 다른 건물들에 속해 있는 것이죠.

어니언이 위치한 건물은 시장 끝자락에 위치한 작은 근린 생활 시설(주택가와 인접해 주민들의 생활 편의를 도울 수 있는 시설) 건물입니다. 토지 면적이 31.4㎡로 10평이 채 되지 않는 5층 규모의 좁고 높은 건물입니다. 오래된 건물들이 다닥다닥 붙은 형상을 띠고 있는 전형적인 구도심에 위치해 있습니다. 이렇게 건물들이 밀집해 있다면 방문객 입장에서는 손쉽게 여러 장소를 짧은 시간 안에 방문할 수 있겠죠? 하지만 반대로 불이라도 나면 순식간에 화염이 확산될 위험이 있기도 합니다. 따라서 이 지역은 도시 차원에서 위험 방지를 위해 '방화지구'로 지정되어 있습니다. 방화지구 안의 건축물의 경우 건축법 제51조에 따라 주요구조부와 지붕, 외벽을 내화구조*로 해야 하는데요. 이때 주요구조부라 함은 지붕틀, 내력벽, 바닥, 보, 기둥, 주계단을 말하고 거기에 지붕, 외벽을 포함하면 사실상 거의 건물 전체를 내화구조로 해야 된다는 뜻입니다. 그런데 광장시장처럼 오래된 건물들이 모여 있는 곳은 내화구조로 건물을 지었을까요? 당연히 대부분 그렇지 않습니다. 그러면 광장시장 건물 모두를 철거하거나 내화구조로 바꿔야 할까요? 그렇지 않습니다. 건축법 제58조에 따르면 도매시장

* 내화구조는 건축물의 구조부가 화재 시 일정 시간 동안 구조적으로 유해한 변형 없이 견딜 수 있는 성능을 가진 철골철근콘크리트, 철근콘크리트 등의 구조를 말합니다.

붙어 있는 광장시장 및 천장 지붕 | 직접 촬영

의 용도로 쓰는 건축물로 그 주요구조부가 불연재료로 된 것은 주요구조부 및 외벽을 내화구조로 하지 않아도 됩니다. 따라서 앞서 말한 도매시장 아케이드 조성을 위한 구조물을 내화구조로 만들면 도매시장 내 여러 건물들의 외벽을 내화구조로 하지 않아도 됩니다. 그 덕에 시장 내 옹기종기 모여 있는 여러 매장들이 마치 백화점 한 개 층에 분포되어 있는 여러 개의 브랜드를 모아 놓은 것 같은 분위기를 자아냅니다.

광장시장 건물에 있는 상가는 얼마 정도의 임대료를 지불할까요? 1층 16.8평 상가는 보증금 2,530만 원에 임대료 253만 원입니다(네이버부동산 2023년 기준). 그리고 해당 건물은 지상 1, 2층 2개 층을 이룬 벽돌 건물로 22억에 매물로 나와 있었습니다. 2층 임대료를 대략적으로 산출했을 때 해당 건물의 수익률은 약 2.1%가 나오는데요. 대출금 등을 제외한 약식 산출이기는 하지만 수익률 자체가 높지 않다는 사실을 알 수 있습니다.

그렇다면 수익률을 높이려면 어떻게 해야 될까요? 부동산을 저렴하게 매입하거나 임대료를 높여야 됩니다. 인근 사례를 살펴보면 후자를 시도한 경우를 찾을 수 있습니다. 광장시장 내 위치한 좋은 입지의 건물을 매입 후 신축 허가를 득하고 새로 건물을 지어 올립니다. 이렇게 하면 오래된 건물일 경우보다 조금 더 높은 임대료를 청구할 수 있는 명분을 가질 수 있는 것이죠. 물론 이에 따르는 건축 비용을 고려해야겠지만요. 비슷한 이유로 시장 내 위치한 건물을 매입한 사례가 종종 있음을 알 수 있습니다. 종로5가 138-13의 2층짜리 건물은 2022년 9월경에 총 45억 원에 매입되었습니다. 토지 면적 133.6㎡을 평당 1.1억 원에 구매한 것인데요. 현시점에서 임대료 수익만으로는 다소 높은 금액이지만 신축이나 증축 등의 방식을 고려한 투자라는 걸 예상해 볼 수 있습니다.

만약 이런 사항들을 잘 알고 있는 브랜드, 임차인이라면 어떨까요? 수익률이 낮은 건물을 갖고 있는 건물주, 따라서 건물을 신축해 높은 임대료를 받고 싶은 건물주에게 필요한 임차인은 누구일까요? 당연히 높은 임대료를 지불하는 임차인이 최고죠. 하지만 이렇게 오래된 건물들이 밀집해 있는 시장 속에 위치한 건물을 사용하는 브랜드이자 임차인이라면 건물의 신축을 감안해야 됩니다. 여러분이 입주한 지 얼마 안 된 상태에서 건물주가 바뀌면서 신축을 하게 된다면, 당연히 명도(부동산을 넘겨준다는 뜻)에 따르는 비용을 청구하는 등의 협의는 할 수 있겠지만, 운영한 지 얼마 안 되어 감가상각비조차 깎이지 않았는데 매장을 옮겨야 된다면 크나큰 손실이지 않을까요? 더욱이 이제 막 소비자들에게 브랜드를 알리게 되었는데 매장 위치를 바꾸는 것 또한 꽤나 큰 마케팅적 손실이 아닐 수 없습니다. 따라서 오래된 건물을 사용할 때는 신축될 수도 있다는 가능성을 인지하고 부동산 계약을 해야 됩니다. 가능하다면 건물주와 임대차 계약을 맺을 때 이러한 부분 즉, 신축 혹은 리모델링의 가능성에 대해 먼저 확인해 보고 계약서상에 반영할 수 있다면 더 현명한 브랜드이자 임차인이 될 수 있겠죠.

이기는 브랜드가 되려면

어니언이라는 브랜드는 성수동을 시작으로 미아, 안국 그리고 광장시장까지 다양한 입지를 선택했고 성공시켜 왔습니다. 각 장소들을 보면 각각의 특색이 있지만 자세히 살펴보면 왠지 모를 하나의 '결'이 느껴집니다. 엄청나게 번화한 지역을 택하기보다 조금 낡고 오래된 그리고 역사성이 있는 위치를 선정했습니다. 모든 지역이 강북에 위치해 있는 이유이기도 합니다. 브랜드가 추구하는 감도는 이처럼 장소와 그곳에서 발현되는 공간감으로 표출됩니다. 어니언 광장시장점은 10평이 채 되지 않는 작은 면적이지만 100년 된 광장시장이라는 역사적 산물의 장소에 누구도 쉽게 시도하지 못할 오픈 스페이스 공간으로 도전한 실험적 장소입니다. 설령 어니언이 아닌 어떤 새로운 카페 브랜드라도 이와 같은 실험적인 도전을 행했더라면 분명 단번에 이슈가 되지 않았을까요?

거기에 덧붙여 어니언의 모든 매장은 지하철역으로부터 도보 5분 내에 위치한 역세권에 자리 잡았습니다. 막연히 새로운 카페 브랜드를 떠올리면 지하철역과는 상관없는 숨겨진 장소를 선택할 거라 생각하지만, 철저하게 고객 중심적 사고를 했다는 것을 알 수 있습니다. 아무리 쿨하고 멋진 인테리어와 노출콘크리트라는 콘셉트로 사람들의 이목을 집중시켰어도 '지속성'이 유지될 때 브랜드의 매장은 '영속적' 운영이 가능하기 때문입니다.

따라서 작은 공간을 활용하려는 사람이라면 어니언 광장시장점에서 많은 인사이트를 얻을 수 있으리라 생각됩니다. 그 이점들을 습득한다면 창과 방패의 격전이 난무하는 시장이라는 전쟁터에서도 승리하는 브랜드가 될 수 있지 않을까요?

TIP BOX

브랜드와 부동산의 상관관계

어니언 광장시장점

100년 된 전통시장 속 10평도 되지 않는 카페를 만든다는 것에는 대단한 확신이 필요한 법입니다. 어니언은 브랜드에 그만큼 확신이 있었던 것이죠. 주변 환경, 즉 부동산적 요소를 브랜드 공간에 스며들게 하기 위해 오히려 작은 매장이면서 시장과 한데 어우러지는 입지를 선택한 점이 어니언 광장시장점의 차별성을 극대화한 포인트입니다.

뷰포인트	접근성	가시성	공간감	차별성
★☆☆☆☆	★★★★★	★★☆☆☆	★☆☆☆☆	★★★★★

지도 속 A는 어니언 광장시장점을 표기한 것이다. 1~4까지는 어니언 인근 건물의 거래 사례를 표기한 것이다. 사례 기준은 어니언이 입점한 이후 사례를 우선으로 인근에 위치해 있으면서 브랜드가 입점된 건물과 유사한 건물 면적이거나 토지 면적을 기준으로 선정했다. 모든 입지가 같을 수 없으므로 시기적으로 연면적 평당, 토지 평당 가격이 연도별·위치별로 어떻게 달라졌는지 보기 위한 데이터이다.

- 출처: 자체 조사, 네이버부동산, Disco, 밸류맵, 서울시 상권분석서비스 | 단위: 만 원
- 위 지도에서 각 부동산 면적의 크기는 위치 비교를 위해 실제보다 크게 표기했다.

첫인상이
끝인상이다

처음과 꾸준히의 힘

심리학에 초두효과라는 용어가 있습니다. 처음에 얻은 인상이나 정보가 어떤 사람, 대상에 고정관념을 형성해 나중에 알게 된 정보보다 더 큰 영향을 끼치는 현상입니다. 우리는 처음 접하는 것, 정보에 많은 영향을 받습니다. 이는 비단 사람의 첫인상에만 해당하는 것이 아닙니다. 브랜드의 인지적 관점에서도 같은 영향을 발견할 수 있습니다.

아이폰이 세상에 나왔을 때를 기억하시나요? 스티브 잡스는 세상에 없던 새로운 제품을 만든 것이 아니었습니다. 문자메시지, 전화, 인터넷 이 세 가지 기능을 하나의 제품에 모은 것뿐이죠. 하지만 그러한 기능을 모은 '스마트폰'이라는 것을 대중에게 효과적으로 처음 인식시킨 것이 애플이었습니다. 과거 비슷한 기능의 제품들이 많았지만 소비자의 인지적 관점에서 하나의 카테고리를 상징하는 제품이 머릿속에 각인되는 순간, '스마트폰의 오리지널리티 = 애플'이 형성되는 것이죠. 그 후, 지속적인 개발을 통해 점차 다양한 소비자에게 스마트폰의 원조라는 인식을 심어 주게 됩니다. 여기서 살펴볼 점이 있는데 바로 '처음'과 '꾸준히'입니다. 사람들의 인식에 '처음'이라고 각인되는 순간 초두효과로 인해 하나의 제품 카테고리의 상징성을 갖게 됩니다. 만약 해당 제품이 긍정적인 효과를 보여 줄 수 있다면 추후 부정적인 일부 이슈가 생기더라도 지속적으로 브랜드 이미지를 좋게 가져갈 수 있는 것이죠. 그다음으로 '꾸준히'라는 인고의 시간이 필요합니다. 초두효과를 잘 활용해 소비자의 인식에 자리 잡았다면, 해당 카테고리에서 꾸준히 그리고 지속적으로 변함없음을 일깨워 줘야 합니다. 처음 시작은 그럴싸하더라도 따라오는 경쟁자들로 하여금 선두 이미지를 뺏겨 버리면 그동안 이룩한 결과물도 무용지물이기 때문이죠.

수제 요거트의 시작

대중들에게 수제 요거트*라는 이미지를 처음 그리고 꾸준히 인식시켜 온 브랜드가 있습니다. 바로 땡스오트입니다. 2016년 분당에서 오픈한 땡스오트는 연남동점을 시작으로 요거트라는 카테고리에서 건강, 비건, 자연을 생각하는 브랜드로 자리매김했습니다. '요거트 맛집'을 검색하면 최근에는 정말 다양한 토핑을 자랑하는 브랜드가 많이 나오지만 그중에서도 땡스오트는 손꼽히는 브랜드 중 하나입니다. 네이버에 땡스오트를 검색해 보면 수천 개의 후기가 등록돼 있고 별점도 높습니다. 물론 리뷰 마케팅이 보편화되어 있기 때문에 리뷰를 전부 신뢰하기는 어렵습니다. 절대적으로 맛있는 곳은 평점과 리뷰를 믿을 만하지만 100% 믿기에는 조금의 의구심이 드는 게 사실입니다. 그래서 소위 맛잘알(맛을 잘 아는 사람)이신 분들은 카카오맵을 이용하기도 합니다. 카카오맵에 식당 이름을 검색해 보면 대체적으로 리뷰나 평점이 야박한 것을 알 수 있습니다. 그 이유는 이용객 수가 네

* yogurt의 규범 표기는 '요구르트'지만, 수제 요구르트의 경우 '요거트'가 널리 사용되므로 이 본문에서는 '요거트'로 표기했습니다.

이버지도에 비해 적고 그렇기 때문에 마케팅 도구로 보다 덜 사용되기 때문이죠. 땡스오트를 카카오맵에서 검색해 보면 역시 별점이 높고 후기도 많습니다. 중간중간 촌철살인 같은 후기도 있지만 대부분 좋은 내용입니다. 네이버, 카카오 모두 좋은 평점을 받았다는 점은 이 브랜드에 특별한 강점이 있다고 판단되는 근거이기도 합니다.

요거트라는 카테고리는 텍스처, 질감 등의 차이는 있지만 절대적인 맛이 크게 차이 나는 음식은 아닙니다. 만들기도 까다롭지 않죠. 우유 한 팩에 종균을 잘 섞은 다음 따뜻한 온도에서 몇 시간 정도 두면 요거트가 완성됩니다. 이 외에도 여러 방법이 있지만 엄청나게 어려운(?) 기술이 필요한 식재료는 아닙니다. (물론 젖소의 젖을 직접 짜는 게 아니라는 전제하의 이야기입니다.) 따라서 얹는 토핑에 따라 맛이 달라집니다. 요거트에 싱싱한 과일과 몸에 좋은 그래놀라, 오트밀 등을 올려 보기에도 먹음직스럽고 맛도 좋은 메뉴를 만들어 낸 곳이 바로 땡스오트입니다. 즉 '요거트+오트밀+과일'을 비주얼적으로 잘 풀어낸 브랜드인 셈이죠. 그런데 평균적으로 좋은 후기를 자랑하는 땡스오트는 맛뿐만 아니라 다른 브랜드와 분명 또 다른 차이점이 있습니다. 무엇보다 이곳의 가장 큰 장점은 '매장'에 있습니다.

역에서 멀어도 괜찮은 이유

땡스오트는 연남점이 대표 매장입니다. 1년 정도 경기도 분당에서 브랜드를 운영하다가 2018년경 연남동의 연트럴파크 끝자락에 자

땡스오트 연남점의 외부 모습 | 직접 촬영

리를 잡았습니다. 연트럴파크의 원형은 경의선숲길입니다. 경의선숲길은 총 6.3㎞에 달하는 선형 공원으로 지상 철도였던 용산선을 지하화하면서 그 위를 공원으로 만들었는데 이 길이 마치 뉴욕의 센트럴파크와 닮았다 하여 연남동 일대 경의선숲길은 연트럴파크라는 명칭을 얻게 되었습니다. 경의선숲길은 총 4개 구간으로 이뤄져 있는데요. 앞서 언급한 연트럴파크인 '연남동 구간', 홍대 인근부터 서강대역까지의 '와우교 구간', 마포구 신수동 일대의 '신수·대흥·염리동 구간', 공덕역과 효창역 사이의 '새창고개·원효로 구간'으로 나뉩니다. 4개 구간 모두 숲길 형성 이후 많은 발전을 이룩했고 지금까지도 다양한 상업 시설 조성으로 사람들이 방문하기 좋아하는 거리가 되고 있습니다. 이 중에서 연남동 구간 인근은 유독 넓고 활발한 상업 지역으로 연트럴파크라는 명칭을 얻었는데요. 그럼 왜 다른 곳들에 비해 연남동 일대가 더 발전할 수 있었을까요? 바로 걷기 좋은 거리이기 때문입니다.

4개 구역 중 연남동 구역인 연트럴파크의 경우 숲길을 중심으로 3차선 이상의 도로까지 대지 면적이 가장 넓습니다. 넓은 도로가 중간중간 있으면 도보 동선이 끊기게 되죠. 쉽게 생각해 골목길을 구경할 때 신호등이 있으면 걷다가 자주 멈추게 됩니다. 실제로 이런 신호등, 횡단보도가 많을수록 상권의 흐름이 끊기는 현상이 있습니다. 신사동 가로수길이 왜 하나의 상권일까요? 길게 늘어선 가로수를 따라 흐름의 끊김 없이 건물들이 조성되어 있기 때문이죠. 즉 연트럴파크는 3차선 이상의 도로 구역까지 많은 상업 시설과 주거 시설이 발달되어 있습니다. 사람들이 쉽게 건널 수 있는 좁은 차선의 도로가 인근에 조성되어 있다 보니 그 길을 따라 다양한 상가들이 자리 잡을 수 있었던 것입니다. 와우교 구간을 살펴보면 기존 발달된 홍대입구역 지역을 제외하고 와우산이 구역 형성을 방해하고 있고 홍대와 신촌역 라인의 신촌로가 8차선으로 있어서 도보 접근성을 떨어뜨립니다. 거기에 경사진 길도 한몫했고요. 신수동 일대도 백범로 일대 7차선과 독막로 4차선이 경의선숲길 양옆을 지나갑니다. 공덕역과 효창역도 이와 동일하고요. 즉, 연트럴파크는 우연히 발달된 거리가 아니라 도보의 접근성이 용이한 지역적, 지형적 특성 덕분에 발전할 수 있었던 지역인 셈입니다.

땡스오트 연남점이 위치한 연트럴파크 인근 3차선 도로까지의 면적 표기
출처: 카카오맵(https://kko.to/nICqF1B4BG)

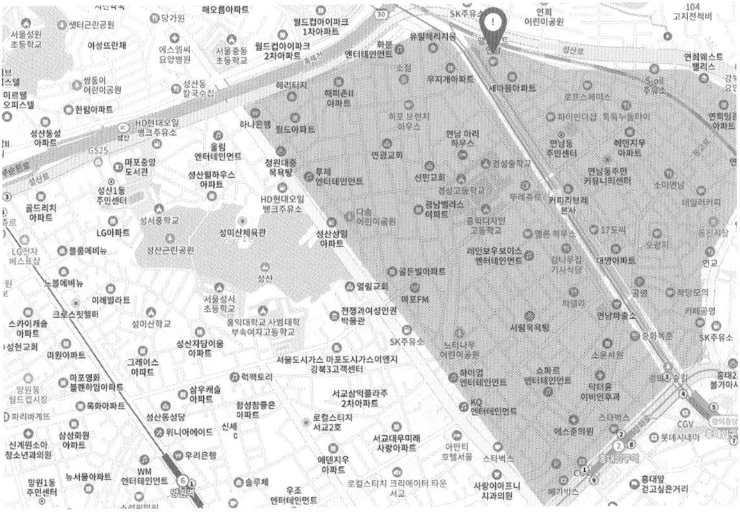

땡스오트 연남점은 연트럴파크의 끝자락에 위치해 있습니다. 홍대입구역에서 직선거리로 1㎞에 위치해 있고 도보로도 15분 정도 걸리는 곳입니다. 1㎞는 굉장히 애매한 숫자인데요. 날이 좋으면 산책 겸 걸을 수 있는 거리지만 날이 궂으면 20분 이상이 걸릴 수도 있는 거리입니다. 즉, 땡스오트가 자리 잡은 곳이 연트럴파크이기는 하지만 입지적으로는 그렇게 접근성이 좋은 곳은 아니었다는 뜻입니다. 하지만 수천 개의 리뷰를 남긴 사람들이 어떻게 방문할 수 있었을까요? 여기엔 앞서 말한 연트럴파크의 조성과도 연관성이 있습니다. 영화를 보기 위해 상영 시작 전 자연스럽게 광고를 보게 되잖아요? 광고에 엄청난 집중을 하진 않지만 그 덕분에 영화 상영 대기 시간이 그렇게 지루하게 느껴지지 않습니다. 그중에서 기억에 남을 만한 광고가 있다면 시간은 더 잘 가겠죠. 연트럴파크에 위치한 땡스오트를 가는 길 또한 이와 유사합니다. 자연과 함께 조성된 연트럴파크는 공원길 자체가 걷기 좋고 길을 따라 밀집해 있는 여러 매장들이 즐거운 눈요깃거리가 됩니다. 만약 자연을 걷는 게 지겹다면 인근 매장을 한번 들러볼 수도 있는 것이죠. 거기에 흐름이 끊기지 않는 도보의 연속성 또한 한몫합니다. 3차선 이상의 차로가 중간에 없고, 쉽게 건너갈 수 있는 좁은 도로의 구성이 소비자들에게 동선의 연속성을 보장해 주죠. 즉, '걷는 즐거움의 지속성'이 땡스오트까지 발길을 이끌게 만드는 것입니다.

새로운 출입문을 만들다

땡스오트가 자리 잡은 연트럴파크 끝자락은 말 그대로 연트럴파크 발전의 마지막 단계였습니다. 상권이라는 것은 결국 소비자들과의 접근성이 중요하기 때문에 홍대입구역 인근에서부터 연트럴파크를 따라 차근차근 발전할 수밖에 없었죠. 땡스오트는 당시에 사람들의 발길이 잘 닿지 않던 연트럴파크 끝의 오래된 주택 건물을 선택했습니다. 이 건물은 건축물대장상 2층으로 구성되고 전체 연면적 13.37평의 협소한 규모이기도 합니다. 더욱이 1층 면적이 11.41평으로 2층은 다락방, 창고 정도로밖에 이용될 수 없는 곳인 거죠. 땡스오트는 아치형 벽돌로 이뤄진 출입문에 페인트칠을 하여 이국적인 분위기 연출에 성공했습니다. 가장 큰 진보는 건물 외벽에 새로운 출입문을 설치한 것입니다.

해당 건물은 시멘트 벽돌을 쌓아 올린 구조입니다. 출입문을 외벽에 만들 수 있었던 것은 조적벽(비내력벽)이라 가능했는데요. 만약 건물의 구조체를 받들고 있는 내력벽이었다면 출입문을 만들 수 없었겠죠. 임대차 계약을 할 때부터 이러한 사항을 인지했는지 알 수는 없지만 외부와 연결되는 출입문이 하나 더 추가되면서 외부에서 매장으로의 접근성이 훨씬 용이해졌습니다.

그리고 11평밖에 되지 않는 공간을 최대로 살린 비결이 하나 더 있습니다. 바로 마당을 활용한 것입니다. 협소한 주택에서 보유하고 있던 2평 남짓한 마당을 매장으로 탈바꿈시켰습니다. 심지어 천창은 빛이

건물 외벽에 새롭게 만든 문. 땡스오트의 영문 로고와 함께 건물의 가시성을 높였다 | 직접 촬영

땡스오트 연남점의 내부 모습과 디테일 | 직접 촬영

통과되는 소재를 사용해 날씨가 좋은 날이면 채광이 매장 내로 들어오는 효과도 연출했습니다. 매장 내부를 원목 톤에 맞춰 인테리어해 마당에서 들어오는 햇볕의 따뜻함을 더 극대화시켰습니다. 작은 매장이지만 방문한 사람들로 하여금 아늑함을 느끼게 하는 데는 이러한 연출이 한몫했습니다. 원목 인테리어와 실내까지 들어오는 따뜻한 채광 그리고 앞으로 펼쳐진 연트럴파크의 녹음. 처음부터 이 모든 것을 100% 예상하고 계획하기란 여간 어려운 일이 아니지만 작은 매장이기에 집중도 높은 선택으로 사람들의 관심을 받을 수 있었던 것이죠.

상권의 끝자락에 가 보자

땡스오트 인근에 위치한 건물의 임대료는 250만 원 정도입니다(2023년 기준). 면적의 경우는 약 8평으로 땡스오트보다 좀 더 작은 규모인데요. 그렇다면 5년 전 임대차 계약을 한 땡스오트 건물은 이보다 좀 더 저렴했을 것으로 예상됩니다. 처음 브랜드를 시작하는 사람들이라면 이런 부분을 발견할 수 있어야 합니다. 너도나도 관심을 갖는 유명한 지역, 거리는 그만큼 높은 임대료를 지불할 수밖에 없습니다. 임대료는 수요와 공급에 따라 유동적이기 때문이죠. 그렇기 때문

마당을 채광이 좋은 내부 공간으로 활용한 모습 | 직접 촬영

에 아직은 사람들의 눈에 뜨이지 않은 곳을 발견할 수 있는 안목을 가져야 합니다. 그런 안목을 가지려면 어떻게 해야 될까요? 결국, 발로 뛰는 수밖에 없습니다. 서울 전부를 발로 뛸 수는 없지 않냐고요? 그럼 조금 쉬운 방법을 알려드리겠습니다. 바로 활성화된 상권의 끝자락을 가 보는 것입니다.

상권이라는 것은 물감을 물에 떨어뜨렸을 때처럼 중심에서 점점 확산되는 경향이 있습니다. 그렇기 때문에 끝으로 갈수록 그 색이 점점 옅어지죠. 누구는 '그만큼 상권이 발달하지 않았다'고 할 수도 있고 '그런 곳을 왜 가냐'고 반문할 수도 있습니다. 하지만 여기의 전제는 '처음 시작하는 브랜드'입니다. 저렴한 임대료를 지불하지만 생각보다 괜찮은 공간을 찾고 있다면, 한 가지를 포기해야 되기 때문입니다. 이때 중심지의 지하나 상층부의 협소한 공간을 택할 수도 있습니다. 하지만 땡스오트의 예처럼 오래된 주택이거나 마당을 갖고 있는 작은 건물을 찾고 있다면, 중심과 조금 떨어진 곳을 방문하기를 추천드립니다. 그리고 소비자의 입장에서 지하철역에서 찾아가기 얼마나 용이한지, 자가용으로 찾아가기 어떤지, 주차장과는 거리가 어떻게 되는지 등을 살펴보아야 합니다. 다행히 연트럴파크처럼 걷기 좋은 지역이라면 접근성 부분에서 어느 정도 상쇄가 되겠지만 그게 아니라면 재방문하기에는 거리가 부담이 될 수 있습니다.

땡스오트는 연트럴파크의 한적한 분위기와 원목으로 된 따뜻한 공간에서 건강과 자연을 모두 생각하는 요거트 브랜드로 확고히 자리매김했습니다. 사람들의 인식에서 '요거트'라는 단어를 떠올렸을 때 '땡스오트'가 생각난다면 그걸로 충분히 성공한 게 아닐까요? 작지만 강한 브랜드 땡스오트의 발자취를 따라가 보면 이제 막 시작하는 브랜드로서 얻을 수 있는 인사이트가 있을 것입니다.

TIP BOX

브랜드와 부동산의 상관관계

땡스오트 연남점

요거트라는 분야에서 초두효과를 각인시킨 브랜드가 땡스오트입니다. 그 시작은 연남동 상권의 끝에 자리 잡은 공간이었습니다. 저렴한 임대료 대비 넓은 부동산 면적으로 브랜드의 색깔을 잘 보여 주었습니다. 결국 상권의 끝자락에서 기회를 잡았기 때문에 지금의 땡스오트가 있을 수 있었습니다.

뷰포인트	접근성	가시성	공간감	차별성
★★☆☆☆	★★☆☆☆	★★☆☆☆	★★★★☆	★★☆☆☆

지도 속 A는 땡스오트 연남점을 표기한 것이다. 1~4까지는 땡스오트 인근 건물의 거래 사례를 표기한 것이다. 사례 기준은 땡스오트가 입점한 이후 사례를 우선으로 인근에 위치해 있으면서 브랜드가 입점된 건물과 유사한 건물 면적이거나 토지 면적을 기준으로 선정했다. 모든 입지가 같을 수 없으므로 시기적으로 연면적 평당, 토지 평당 가격이 연도별·위치별로 어떻게 달라졌는지 보기 위한 데이터이다.

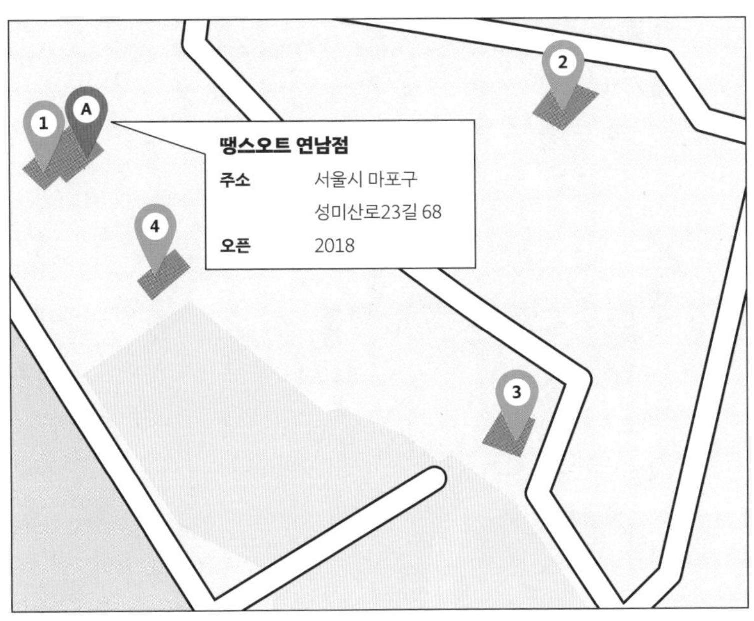

- 출처: 자체 조사, 네이버부동산, Disco, 밸류맵, 서울시 상권분석서비스 | 단위: 만 원
- 위 지도에서 각 부동산 면적의 크기는 위치 비교를 위해 실제보다 크게 표기했다.

게임팩처럼
바뀌는 팝업 공간

팝업 스토어와 게임팩의 관계

제가 초등학생 때쯤 닌텐도의 게임보이가 큰 인기를 끌었습니다. 당시 가격이 9만 원 정도 했던 것 같습니다. 그 손바닥만 한 휴대용 게임기가 9만 원이라니, 물가 상승을 생각해 보면 꽤 비싼 제품임에 분명했습니다. 친구가 게임보이를 갖고 놀 때면 옆에서 가끔 빌려서 하고는 했습니다. 비싸기도 했고 소심했던 터라 부모님께 선뜻 사달라고 말하지 못했습니다. 그러다가 시간이 흐르고 더 작은 모델이 나왔을 때 조심스럽게 갖고 싶다고 말했고 마침내 저도 게임기를 얻을 수 있었습니다. 그런데 문제가 있었습니다. 이 게임기는 뒤에 꽂는 팩에 따라 게임 종류가 달라졌습니다. 즉, 게임팩이 여러 개가 아니면 하나의 게임만 해야 된다는 것이었죠. 게임보이는 네모난 상자의 게임기입니다. 제품을 다루는 방법은 고정되어 있고 네모반듯한 화면은 게임팩에 따라 달라집니다. 게임팩에 따라 화려한 액션 게임이 될 수도 있고, 모두가 사랑하는 테트리스 게임이 될 수도 있습니다. 어쩌면 게임팩은 사람이 쉽게 질리는 특징을 반영한, 뛰어난 소비 진작용 상품인지도 모르겠습니다.

게임보이가 공간이라면 게임팩은 공간 속 콘텐츠입니다. 게임보이가 계속해서 버전을 바꾸며 새로운 제품을 내놓았듯이, 우리 주변의 공간은 날마다 새롭게 열리고 있습니다. 하지만 게임보이 기계보다 게임팩의 종류가 많았듯, 새롭고 자극적인 콘텐츠 또한 끊임없이 생겨나고 있죠. 게임보이 기계에 새로운 게임팩을 바꿔 가며 게임하듯 공간을 운영하는 곳이 있습니다. 바로 '팝업 스토어'입니다. 팝업 스토어는 이제 모두가 아는 개념의 공간입니다. 단기간 동안 여러 브랜드에서 자신들의 신제품이나 새로운 콘셉트를 홍보하는 수단으로 팝업 스토어를 열고 있습니다.

팝업 스토어의 기원에는 여러 이야기가 있지만 제가 생각하는 기원은 '보부상'입니다. 보부상은 특정 장소를 가리지 않고 자유롭게 돗자리를 펴서 다채로운 상품을 판매하는 사람을 이릅니다. 현대에 와서는 백화점이라는, 100개의 제품을 판매하는 공간에서 '매대'가 보부상을 대체했습니다. '90% 할인!' 등 혹하는 문구를 앞세워 에스컬레이터 하행선 주변에 자리를 잡았습니다. 집으로 돌아가는 고객들의 발목을 붙잡기 위해서였죠. 찰진 멘트로 지나가던 아낙네들의 발길을 붙잡던 보부상과 유사한 맥락이 있는 대목입니다.

지금의 팝업 스토어는 단순히 잔여 재고 판매를 목적에 두지 않습니다. 남들이 생각하지 못하는 장소에서 자극적인 비주얼로 이목을 집중시킵니다. 즉, 브랜드의 홍보에 그 목적을 두는 경우가 많습니다. 그중에서도 6.5평 남짓한 작은 공간을 매번 새롭고 자극적으로 만드는 브랜드가 있습니다. 바로 프로젝트렌트입니다.

매장 자체가 광고판

프로젝트렌트는 성수동 서울숲 인근에서 팝업 스토어를 운영하는 브랜드입니다. 최근에는 성수동뿐만 아니라 서대문, 부산 지역 등

프로젝트렌트 1호점 건물 외부 모습 | 직접 촬영

전국으로 범위를 넓혀 가고 있는데요. 작은 공간의 매장이라도 수만 명이 찾을 수 있는 콘텐츠를 기획하는 팝업 스토어입니다. 기존의 팝업 스토어는 게임보이라는 장소에 원형의 게임팩을 계속해서 바꿔 끼우는 형태였습니다. 하지만 '프로젝트렌트'는 새로운 게임팩을 기획해 론칭시키는 역할을 합니다. 즉 팝업 스토어를 단순한 장소 대관의 목적이 아닌 새로운 기획으로 접근하는 것이죠.

한 예로, 과거 프로젝트렌트에서 현대자동차의 전기차 아이오닉5의 팝업 스토어가 진행되었습니다. 모두들 스토어 어디엔가 자동차 한 대쯤은 있지 않을까 생각했지만, 프로젝트렌트는 자동차의 모습을 팝업 스토어에서 지우고 아이오닉5라는 이름 또한 삭제했습니다. 대신 지속 가능한 라이프 스타일을 인지하고 관련 브랜드를 경험할 수 있는 팝업 스토어 '스튜디오 아이(STUDIO I)'를 기획했죠. 약 6주간 운영된 팝업에서는 친환경 굿즈 숍, 커피 및 디저트 카페, 워크숍 공간 등 3개의 공간을 마련했습니다. 굿즈 숍에서는 약 70여 개 소품을 판매했는데, 친환경 원단으로 패키지를 만드는 뚜까따, 재생 원사로 옷과 가방을 만드는 플리츠마마, 업사이클링 패션 브랜드 래코드 등을 작은 공간에서 모두 만나 볼 수 있었습니다. 또한 카페 펠른과 컬래버를 진행해 일상적으로 접하는 커피와 계절을 담은 디저트로 일상의 지속 가능성에 대해 공유했습니다. 마지막 공간에서는 업사이클 및 지속 가능성에 대한 강연이 진행되었고요. 이 모든 것들이 서울숲 내 작은 공간과 골목에서 이루어져 이색적인 분위기를 연출할 수 있었습니다.

프로젝트렌트에서 진행한 현대자동차 아이오닉(STUDIO I) 팝업 스토어
출처: 프로젝트렌트

아이오닉5 팝업 스토어 프로젝트를 보면서 어떤 생각이 드시나요? 무언가 익숙하지 않나요? 바로 '광고'의 형태를 띠고 있기 때문인데요. 대형 쇼핑몰이나 강남역, 홍대입구역 등 주요 상권을 거닐다 보면 유명한 기업에서 오프라인 광고를 진행하는 경우가 많습니다. 이때 기업 홍보에 목적을 두면서 여러 신제품을 한자리에서 보여 주는 오프라인 광고를 진행하곤 하는데요. 보통 기업의 관계 부서가 직접 진행하기보다 광고대행사에 용역을 주어 진행하는 경우가 많습니다. 실제 오프라인 공간을 물색하는 것부터 신제품을 어떤 방식으로 고객들에게 노출시켜야 더 효과적일지 일련의 기획을 진행하게 되죠. 물론 광고주의 기본 기획안이 있고 그 프레임 안에서 용역사들이 예산 안에서 효과적인 제품 광고 방법을 자유롭게 모색하죠. 프로젝트렌트의 팝업 스토어도 이와 유사한 측면이 있는데 그 이유가 바로 모회사인 필라멘트앤코라는 곳에 있습니다. 프로젝트렌트의 최원석 대표는 디

자인 전공으로 LG전자에서 모바일폰 디자인 기획과 현대카드에서 브랜딩 업무를 했습니다. 그 후에 필라멘트앤코라는 브랜드 컨설팅 기업과 프로젝트렌트라는 팝업 스토어를 운영하게 되었죠. 필라멘트앤코에서는 브랜드 광고 및 컨설팅 업무를 주로 하다 보니 프로젝트렌트의 형태도 오프라인 광고의 형태와 유사성을 갖고 있습니다. 공간을 빌려 단순히 제품을 홍보하기보다 전략적으로 몇 개의 공간을 임대하고 그곳에서 브랜드의 광고 홍보를 위한 새로운 게임팩을 제작합니다. 이때 A라는 브랜드명을 직접적으로 노출시키기보다 지나가는 소비자들이 손쉽게 접근할 수 있는 식음 브랜드와 컬래버를 한다든지 젊은 층들이 좋아하는 문구, 팬시 등의 제품으로 A라는 브랜드를 녹여 내는 식입니다. TV 광고를 보면 짧은 영상 속에서 한 브랜드의 무드를 온전히 담아냅니다. 과거에는 제품의 기능에 초점을 맞췄다면 지금은 브랜드가 지향하는 무드만을 영상으로 풀어내기도 하죠. 기업의 입장에서는, 소비자에게 하나의 제품으로 기억되기보다 하나의 브랜드이자 이름으로 기억되기를 바라기 때문입니다. 프로젝트렌트는 필라멘트앤코라는 광고, 컨설팅 베이스의 기업 DNA를 탑재해 오프라인에서 기업들이 원하는 새로운 방식의 광고를 송출하는 셈인 것입니다.

위치 선정의 중요성

프로젝트렌트의 첫 시작은 서울숲의 3.8평짜리 공간이었습니다.

서울숲길 끝자락에 위치한 낡은 4층짜리 벽돌 건물 1층에 자리 잡았습니다. 과거만 해도 인테리어 자재 관련 업체 등이 사용하던 옛날 동네 어디에서 한번 봤을 법한 평범한 건물 중 하나였습니다.

뚝섬역 사거리에서 일직선상으로 나 있는 서울숲길 양옆에는 여러 건물들이 늘어서 있고 프로젝트렌트는 그 길의 끝자락에 위치해 있습니다. 앞선 땡스오트의 사례를 적용해 보면, 해당 건물은 서울숲 상권의 끝자락에 위치해 있는 셈입니다. 처음 프로젝트렌트가 생길 때만 해도 서울숲과 맞닿아 있는 서울숲2길에 아기자기한 숍들이 생겨나고 있었습니다. 수인분당선이라는 역세권이 갖는 교통의 편리함, 고층 주상 복합 아파트 갤러리아포레가 생겨나면서 고급 주거 인근의 소비자 니즈 그리고 서울숲이라는 숲세권까지 더해져 환경 조성이 이뤄지고 있었죠. 하지만 해당 건물은 바로 옆에 대한상운이라는 택시 회사가 오랜 세월 동안 사용하고 있는 곳으로 상권이 단절된 장소이기도 했습니다. 대한상운은 서울고속의 계열사로 전국적으로 최대 규모의 택시 대수를 자랑하는 회사였는데요. 2022년 초경 진모빌리티라는 아이엠 택시를 운영하는 회사에 인수되었습니다. 서울숲 인근의 약 740평대 부지를 사용하던 회사가 인수되었으니, 동시에 해당 부지에 대한 개발 가능성을 기대해 볼 수 있지 않을까요? 하지만 본 부지는 서울고속의 대표가 개인적으로 소유하고 있었던 부지였습니다. 오랜 세월 가족이 보유하고 있었던 땅인 것이죠. 따라서 대한상운이라는 계열사는 다른 회사에 넘겼지만, 대한상운이 사용하던 땅은 계속 보유하고 있는 상황이 된 것입니다. 그렇다면 대한상운을 인수한 진모빌리티에서는 택시 주차장으로 사용하던 부지를 어떻게 해야 될까요? 새로 찾아야 할까요? 기존에 택시 주차장으로 사용하던 곳을 새로운 곳으로 이전하기란 여간 어려운 일이 아닙니다. 서울 권역에 그렇게 넓은 부지를 저렴한 가격에 찾기란 결코 쉽지 않겠죠. 따라서 진모빌리티가 인수한 대한상운은 해당 부지를 계속 사용하기로 마음먹습니다. 바로 전세권 설정을 통해 서울고속의 대표와 진모빌리티가 임대인-임차인 관계가 된 것이죠. 덕분에 해당 부지는 2027년까지 전세권이 설정된 택시 주차장으로 남게 되었습니다.

아이엠 택시 부지 | 직접 촬영

해당 부지의 개발이 없었기 때문에 프로젝트렌트는 서울숲길의 끝자락에 자리 잡을 수 있었습니다. 그런데 해당 상권은 대규모 개발에 여러 제약적 조건이 있는 곳이기도 합니다. 바로 '지구 단위 계획'인데요. 지구 단위 계획은 도시 계획 수립 대상 지역의 일부에 대해 토지 이용을 보다 합리화하고 기능 증진 및 미관 개선을 통해 양호한 환경을 확보함으로써 지역을 체계적이고 계획적으로 관리하기 위해 수립하는 도시 관리 계획의 유형입니다. 지구 단위 계획 구역에서는 건축물의 용도, 종류, 규모 등에 대한 제한을 강화 또는 완화하거나, 건폐율*과 용적률을 강화 또는 완화할 수 있습니다.

뚝섬 지역의 경우, 해당 주변 지역에 대한 서울시의 지구 단위 계획 결정안(2017년)에 따르면 불허용도 항목에 근린 생활 시설 중 대기업, 프랜차이즈 가맹점을 불허용한다는 내용이 있습니다. 단서 조항으로 주민 협의체에서 입점을 동의한 경우에 한하여 허용한다는 내용도 있고요. 결국 주민의 동의 없이는 대기업, 프랜차이즈 관련 업체가 해당 지역에 입점하기 어렵게 됩니다. 만약 진모빌리티 부지를 상업 부동산으로 개발하게 된다면 하층부에 일부 리테일, 판매 시설을 유치해야 될 것입니다. 이때 수익적 측면에서 떠올릴 수 있는 게 대기업, 프랜차이즈 기업인 것이죠. 하지만 뚝섬역 인근의 지구 단위 계획으로 수익성이 보장된 대기업, 프랜차이즈를 유치할 수 없게 되고 그만큼 부동산 개발에 제약이 생기는 것입니다. 물론, 대기업 관련 브랜드가

* 건폐율은 전체 대지 면적 중 건축 면적의 비율로 건축 면적/대지 면적의 공식으로 구할 수 있습니다.

없어도 인근의 서울숲 디타워처럼 다양한 테넌트(점포)를 입점 및 운영한 사례도 있습니다. 더욱이 주거 시설로 개발하게 되면 상층부 주거 분양 수익이 더 중요하기도 하고요. 여기서 포인트는 정부 주관하에 지정되는 지구 단위 계획을 해당 지역에서 사업하는 사람이라면 주의 깊게 살펴봐야 한다는 것입니다.

아무리 작은 매장을 운영하는 사업가라도 결국 해당 지역의 도시 계획, 개발 관리에 영향을 받을 수밖에 없습니다. 더욱이 뚝섬역 인근처럼 특정 계열이 입점하기 어려운 구조라면 더욱 중요하고요. 서울숲 인근의 경우 이러한 지구 단위 계획으로 소위 젠트리피케이션*을 방지하는 효과를 낳은 사례로 유명합니다. 만약 대기업 관련 업체가 해당 지역에 들어올 수 있었다면 지금의 아기자기한 숍들이 구성된 서울숲길이 완성될 수 없었을 것입니다. 임차인 즉 브랜드를 운영하는 사람 입장에서는 보다 안정적으로 영업 가능한 터전을 확보할 수 있는 것이죠.
결국 프로젝트렌트가 누구보다 작은 매장을 누구보다 유연한 광고 매체로 변모시킬 수 있었던 이유는, 젠트리피케이션에서 벗어날 수 있는 입지이면서, 기획하는 팝업으로 대기업의 수요를 충족시켰기 때문입니다. 브랜드를 운영하는 사람에게 주변의 모든 요소는 경쟁입니다. 따라서 어떤 경쟁자에도 대비할 수 있어야 합니다. 프로젝트렌트

* 젠트리피케이션은 낙후되거나 저소득층, 영세 기업이 주를 이루던 지역이 개발되는 과정에서 고급 주택, 대형 문화 및 상업 시설이 들어서서 사회 전반의 기반 시설은 개선되지만 토지 가격이 상승하면서 임대료가 높아져 원주민이 쫓겨나는 현상을 말합니다.

는 독보적인 광고 형태의 기획 팝업으로 다른 경쟁자들과는 다른 차별점을 갖게 되었고, 성수동의 지구 단위 계획은 대기업의 접근을 막음으로써 로컬 브랜드로서의 우위를 선점할 수 있었습니다. 역으로 대기업들이 프로젝트렌트라는 오프라인 매체에 광고를 문의하는 형태가 되면서, 경쟁자가 아닌 고객으로 역할이 바뀌게 되었죠. 아무리 매장 공간이 작더라도 그보다 훨씬 커다란 기획력과 이를 지지하는 법규만 있다면, 어디서든지 기회를 만들 수 있는 법입니다.

브랜드 인터뷰

프로젝트렌트 최원석 대표

Q1. 성수동 1호점을 어떻게 발견했는지?

오피스를 찾기 위해 성수동 일대를 둘러보았습니다. 원래 건물주의 가족분이 사무실로 쓰던 자리였는데 저희 회사에 대한 소개와 포트폴리오 설명이 마음에 드셨는지 사무실 일부를 잘라서 계약해 주셨습니다.

Q2. 1호점으로 이곳을 선택한 이유는?

프로젝트렌트의 테스트 매장을 고민했습니다. 그중에서도 로드 숍 형태의 공간을 물색했는데 압구정, 강남은 사람들이 직접 걸어 다니는 구획이 한정적이기 때문에 원하는 테스트를 진행하기 어렵다고 판단했습니다. 당시 서울숲에는 소셜 임팩트 스타트업과 작가, 디자이너, 바리스타들까지 지역 공동체적인 성격이 있는 장소였기에 프로젝트렌트의 테스트 매장을 내기에 적절하다고 생각했습니다. 물론 제가 개인적으로 뽑는 좋은 거리의 조건 중 하나인 무단 횡단이 가능한 상권이기도 했고요.

Q3. 공간의 브랜딩은 어떻게 기획했는지?

공간의 사용법을 알리는 게 우선이었습니다. 기존에 팝업만을 위한 공간을 본 적이 없고, 오프라인에서 과연 어떤 것을 해야 사람들과 연결이 될지 아무도 고민해 본 적이 없었어요. 단순히 물건을 팔기 위한 매장만 존재했을 뿐. 팝업 공간이 작은 브랜드에게는 효과적인 마케팅 수단이 될 수 있다, 그리고 물건을 팔기 위해서가 아니라 사람들과 연결되기 위해 고민하고 노력해야 한다는 사실을 알리는 것이 가장 중요하고 어려운 부분이었습니다. 자체 기획한 팝업들을 통해 사람들에게 공간의 사용법과 가능성을 보여 주려고 했어요.

저희 브랜드가 강해져도 되는지도 고민이었습니다. 서비스의 특성상 입점 브랜드나 콘텐츠들에게 빈 도화지를 준비해 드려야 하니까요. 그래서 저희는 아이덴티티 강화를 하기보다는 인장처럼 무심하게 로고인 'R'만을 건물 외관에 붙여 두고 있습니다.

또 저희는 Small brand, Big story(작지만 의미 있는 브랜드들을 알리겠다는 뜻이죠)를 지향해 왔는데 대기업들이 찾아오면서 고민이 되었습니다. 대기업의 콘텐츠를 다루는 것이 우리 브랜드의 취지에 적절한지 생각했고 최종적으로는 입점 스몰 브랜드와 대기업의 대등한 관계 형성의 가능성을 믿고 진행하게 되었습니다.

Q4. 1호점을 운영하면서 겪은 어려움은?

새로운 형태의 서비스였기 때문에 매번 시행착오를 겪었습니다. 작은 브랜드들 입장에서는 이런 게 필요할 거라고 생각해 준비한 것들도 브랜드나 개인별로 각양각색이라 불필요해지기도 부지기수였고, 할 수 있다고 생각한 많은 일들이 감당하기 어려운 업무가 되기도 하고, 공간 서비스를 이용하는 방법에 대해 동의가 되어 있었다고 생각했는데 전혀 엉뚱한 해석을 주장하기도 하고, 예상 못 한 새로운 이슈들로 골머리를 많이 앓았죠. 모든 것이 시행착오였어요. 목적의 일관성을 가지고 빠르게 변화하는 게 가장 중요했습니다.

Q5. 새로운 브랜드를 시작하는 사람들에게 해 주고 싶은 이야기는?

언제나 시작은 작고 빨라야 한다고 생각합니다. 공간 서비스의 핵심 콘셉트를 테스트하기에 크기와 화려함이 중요하지는 않습니다. 아무리 책을 읽고 영상을 봐도 여행은 직접 가 봐야 더욱 많은 것을 느끼는 것처럼, 고민하기보다는 작고 빠르게 실행함으로써 얻어지는 것이 더욱 많은 법입니다. 테스트를 위한 1호점이란 그런 것이라고 생각합니다.

TIP BOX

브랜드와 부동산의 상관관계

프로젝트렌트 1호점

프로젝트렌트는 부동산을 광고 기획적으로 접근해 지속적으로 변화하는 하나의 광고 매체로 만들었습니다. 또한 젠트리피케이션을 방지할 수 있는 입지적 요건(지구 단위 계획)으로 꾸준한 운영이 가능했습니다. 즉, 부동산의 특성으로 브랜드의 특징을 만들어 성공할 수 있었습니다.

지도 속 A는 프로젝트렌트를 표기한 것이다. 1~4까지는 프로젝트렌트 인근 건물의 거래 사례를 표기한 것이다. 사례 기준은 프로젝트렌트가 입점한 이후 사례를 우선으로 인근에 위치해 있으면서 브랜드가 입점된 건물과 유사한 건물 면적이거나 토지 면적을 기준으로 선정했다. 모든 입지가 같을 수 없으므로 시기적으로 연면적 평당, 토지 평당 가격이 연도별·위치별로 어떻게 달라졌는지 보기 위한 데이터이다.

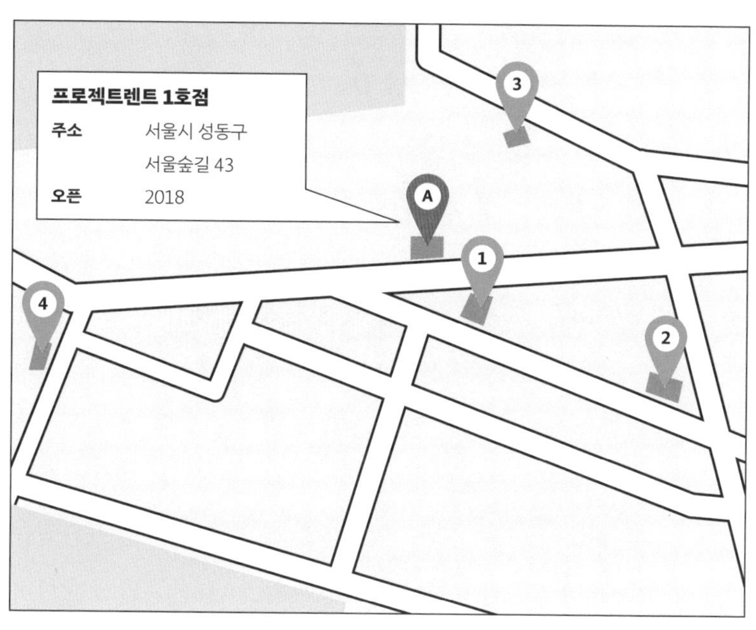

• 출처: 자체 조사, 네이버부동산, Disco, 밸류맵, 서울시 상권분석서비스 | 단위: 만 원
• 위 지도에서 각 부동산 면적의 크기는 위치 비교를 위해 실제보다 크게 표기했다.

작지만 매서운 공간

'작은 고추가 맵다'라는 말은 작지만 강한 힘을 가진 대상을 묘사할 때 종종 사용하곤 합니다. 미국 프로농구(NBA) 역사상 최고의 3점슛 스타로 인정받는 스테판 커리는 고교 시절 키 183㎝에 몸무게 73㎏의 왜소한 체형이었습니다. NBA 농구 선수들의 평균 키가 2m임을 감안했을 때 타고난 체격부터 부족함을 느낄 수밖에 없었습니다. 슛 자세 또한 장신 선수들에게 쉽게 블로킹을 당해 재능이 없다는 이야기를 많이 들었습니다. 더욱이 원하던 농구 명문대에서도 모두 떨어진 상태였습니다. 이런 상황에 이르자 가족들과 전 NBA 선수 출신인 아버지도 그의 장래를 기대하지 않았습니다. 하지만 커리는 아버지를 찾아가 이렇게 말했습니다. "아버지, 제가 농구를 사랑한 만큼 다시 연습해 보겠습니다." 그렇게 다짐을 하고 누구보다 열심히 연습에 임하기 시작했습니다. 반복 훈련을 통해 슛 자세를 교정했고 나아지는 모습으로 주변의 기대감을 얻을 수 있었습니다. 그가 입학했던 데이비슨 대학 농구 팀은 최약체 팀 중 하나였는데, 커리의 눈부신 활약 덕분에 8강까지 오를 수 있었고, 그는 마침내 NBA에도 진출할 수 있게 되었습니다.

스테판 커리는 진심으로 사랑한 농구를 끝까지 포기하지 않았습니다. 자신이 가진 단점을 보완할 수 있는 장점을 만들었습니다. 지독한 반복 연습으로 장점이라는 칼날을 더욱 날카롭게 만들었고 결국 세계적으로 그 누구도 따라올 수 없을 만큼의 뾰족한 장점을 가질 수 있었습니다.

사업을 시작하는 사람도 마찬가지라고 생각합니다. 처음부터 모든 걸 다 가지고 시작할 수는 없습니다. 도심의 번화가에 대형 면적을 사용하면서 고가의 인테리어 가구 및 소품을 사용하는 건 극소수에게나 가능한 일입니다. 우리 대다수는 작지만 뾰족한 장점으로 무장한 공간을 기획해야 합니다. 작지만 매서운 기획이 필요한 법입니다. 이때 공간과 부동산이 결부되어 있다는 사실을 잊지 마세요. 앞에서 소개한 10평 남짓한 공간을 사용한 브랜드들은 분명 그 사실을 잊지 않았습니다. 임대료가 저렴하든, 대중교통 접근성이 용이하든, 한적한 분위기 연출이 가능하든, 지구 단위 계획으로 묶여 있든 어떤 오프라인 공간은 어떤 부동산 위에 존재하는 법입니다. 만약 여러분이 새로운 오프라인 비즈니스를 시작한다면 작을수록 더 깊은 고민이 필요할 것입니다. 누구보다 뾰족한 장점으로 작지만 매서운 공간을 만들고 싶다면 말이죠.

HIDDEN

2부

숨은 부동산을 살린 브랜드

GPS로 찾아가는
17층 카페

높아도 갈 수 있다

운전할 때 내비게이션을 사용하지 않는 경우가 있을까요? 출발 지점에서 10분 남짓한 거리도 내비게이션에 검색하게 됩니다. 영미권에서는 내비게이션이라 부르지 않고 GPS라고 하는데요. GPS를 일상에서 사용하면서 얻는 이점을 부동산의 관점에서 보면, 바로 '가고 싶은 곳을 쉽게 갈 수 있다'입니다. 가고 싶은 공간이 지하에 있든 건물 꼭대기에 있든 검색 한 번만으로 위치를 찾을 수 있고, 지도앱을 사용해서 전국 어디든 심지어 해외 어디든 찾아갈 수 있게 된 것이죠. 소비자의 관점에서 보면 어디든 편하게 갈 수 있는 장점이 있다는 말이지만, 반대로 생각하면 공급자 입장에서도 어디에서든 장소를 노출시킬 수 있다는 이야기가 됩니다. 따라서 공간의 위치적 제약에도 불구하고 얼마든지 사람들의 발길을 이끌 수 있는 가장 큰 이유 중 하나가 바로 GPS의 편리한 사용 덕분인 것입니다. 여기 GPS로 찾아가는 17층에 위치한 카페가 있습니다.

스카이라인 속 커피 한잔

시청역 인근에서 시티뷰를 즐기며 커피를 마실 수 있는 곳이 있다? 바로 커피앤시가렛입니다. 2018년도 말경 오픈한 카페로 그 이름에서부터 특별함이 느껴집니다. 커피와 시가렛(담배)이라니요. 어떻게 보면 지극히 소비자 관점에서 태어난 브랜드명이 아닐까 싶은데요. 오피스 건물에서 근무하다 보면 커피를 마시거나 담배를 피우기 위해서 건물 1층으로 내려가는 사람들을 많이 보게 됩니다. 서울 광화문 쪽에서 근무할 때를 돌이켜 보면, 점심시간 이후 대형 오피스 건물의 외진 곳에서 한 손에는 테이크아웃 커피를, 다른 한 손에는 담배를 들고 있는 사람들을 쉽게 볼 수 있었습니다. 동료 직원들이 커피나 담배를 사기 위해 건물 지하나 외부로 발걸음을 옮길 때마다 이구동성으로 외친 말이 '사러 나가기 귀찮다'였습니다. 커피앤시가렛은 이런 커피와 담배 애호가의 순수(?)한 귀차니즘에서 시작된 게 아닐까 싶습니다.

실제로 매장을 가 보면 커피 메뉴는 물론 담배와 라이터도 판매하고 있습니다. 그렇다면 담배는 아무 곳에서나 판매할 수 있을까요? 잠깐만 생각해도 왠지 많은 제약 사항이 있을 것 같지 않나요?

시티뷰를 자랑하는 커피앤시가렛의 모습 | 출처: 커피앤시가렛

담배사업법 12조에 따르면 담배를 판매하는 소매인의 경우 소매인의 지정을 받아야 한다고 명시되어 있습니다. 해당 사업장의 소재지를 관할하는 시장, 군수, 구청장으로부터 소매인 지정을 받아야 담배를 판매할 수 있습니다. 즉, 관할 구청에 신고가 필요한 업종이라는 것입니다. 소매인지정신청서를 작성해 시, 군, 구 담배 업무 담당 부서에 제출해 승인을 받아야 합니다.

이렇게 다소 번거로운 과정에도 불구하고 커피앤시가렛은 소비자 지향적인 독특한 콘셉트와 이질적이지만 연관성 높은 단어 조합의 브랜드 이름으로 소비자들에게 단숨에 각인되었습니다. 커피와 도넛 하면 '던킨도넛'을 떠올리는 분들이 있으실 텐데요. 그 이유는 던킨도넛의 지속적 광고 효과 덕분입니다. 오피스 건물 밖에서 커피와 담배를 들고 있는 많은 사람들의 광고 효과(?)로 커피와 시가렛 사이의 연관성을 보다 직관적으로 알 수 있습니다.

시선의 차이는 감정의 차이

이곳은 무엇보다 시티뷰 맛집으로 유명합니다. 시청역 9번 출구 바로 앞에 위치한 빌딩 고층에 위치해 있기에 가능했습니다. 처음 이 브랜드를 발견했을 때는 다소 의외라는 생각이 들 수밖에 없었습니다. 일반적으로 카페를 가는 사람들은 1층에 위치해 접근성이 용이한 곳들을 선호하기 때문입니다. 오피스 건물의 높은 층에 위치한 카페는 쉽게 상상하기 힘들죠. 시청역에 내려 처음 보는 건물에 들어가서 수많은 회사원들과 어색하게 엘리베이터를 타고 카페를 간다고 상상해 보세요. 그럼에도 불구하고 17층에 도착해 카페 매장에 들어가는 순간 저절로 '와!'라는 탄성이 나옵니다. 저 멀리 인왕산을 필두로 빽빽한 빌딩 숲을 위에서 내려다보는 경험은 꽤나 새로운 감정을 불러일으킵니다.

'시선의 차이'는 '감정의 차이'를 불러일으킵니다. 올림픽에서 금메달, 은메달, 동메달을 따는 것은 인생에서 가장 의미 있는 일 중 하나일 것입니다. 역사적 순간의 시상식에서 금, 은, 동메달은 각각 높이 차이가 있는 단상을 배정받습니다. 전 세계인들 중에서 1, 2, 3등을 한 것은 그 자체로도 대단한 일이지만 그 속에서도 확실한 차이가 있음을 시상식의 '단상'에서도 느낄 수 있는 것이죠. 단상의 높이가 다른 것은 그 자체로 누구보다 높이 솟아 있기 때문에 느낄 수 있는 감정이 있기 때문일 것입니다. 그 우월감은 결국 다른 이보다 높은 곳에서 보는 '시선'으로부터 시작됩니다. 나의 시선과 상대의 시선의 높이 차이가 발생할 때, 누군가가 나를 우러러봐야 되는 시선일 때, 미묘하게 상하 관계가 정립되는 경향이 있습니다. 비단 상하 관계의 영역이 아니어도 일상과는 다른 높이의 위치가 부여되었을 때, 평소와 다른 감정을 느낄 수 있게 됩니다. 커피앤시가렛은 도심의 중심 속 우뚝 솟은 건물에서 바라보는 시선의 차이로 일상과는 다른 감정의 차이를 느낄 수 있는 장소인 셈이죠.

이 대목에서 커피앤시가렛의 위치 선정이 꽤나 단순하면서도 손쉬운

시선의 차이를 느낄 수 있는 커피앤시가렛 | 직접 촬영

방법이 아닐까 하는 생각이 들 수도 있습니다. 시청역만 해도 높이가 다른 수많은 건물들이 밀집해 있고, 강남역 인근을 생각해 보면 그 수는 셀 수 없죠. 그런 곳에 카페를 차리면 시티뷰 정도는 쉽게 나오는 거 아니냐고 생각할 수도 있습니다. 맞는 이야기입니다. 하지만 그런 새로운 시도를 하기 위해 우선시해야 하는 것이 바로 부동산의 구조입니다.

커피앤시가렛이 위치한 유원빌딩은 유원건설이 보유하고 있던 건물이었습니다. 하지만 과거 1990년대에 기업 운영의 어려움을 겪고 법정 관리를 받아 오던 유원기업은 1998년 울트라컨소시엄에 매각되었고 해당 건물의 소유권도 이전되었습니다. 그 후 신탁사로 넘어가면서 본래 사옥으로 쓰던 건물을 섹션형 오피스로 리모델링해 분양하는 형식으로 시장에 나오게 되었습니다. 즉, 개별 분양을 하게 되면서 각 호실별 소유주가 달라지게 된 것이죠. 그에 따라 지상층 외에 상층부에서도 다양한 시설 운영이 가능하게 되었습니다. 커피앤시가렛의 경우도 2018년경 해당 공간을 매입했는데요. 그 덕분에 지상 17층에 일반적인 오피스가 아닌 뷰 맛집 카페가 탄생할 수 있었습니다. 높은 건물에 있는 자리를 임대해서 카페로 사용하면 되겠다고 쉽게 생각할 수도 있습니다. 하지만 일반적으로 오피스 건물의 상층부, 대략 3~4층 이상부터 최고층까지는 대부분 업무용으로 사용하기 때문에 식음 시설에 필요한 배기, 배관 설비가 설치되지 않습니다. 요리할 때 발생하는 냄새를 빨아들이거나 환기시켜 주는 급배기 시설이 따로 천장에 배치되지 않는 것이죠. 또한 카페 운영에는 물이 많이 필요하므로 급배수 시설이 마련되어야 하는데 이에 따라 시설 공사가 필요할 수도 있죠. 따라서 일반적인 임대를 통해 오피스 건물 상층부에 카페를 운영한다면, 시설 설비에만 막대한 비용이 발생할 수 있습니다. 커피앤시가렛의 경우 이런 점을 보완하기 위해 물탱크를 사용해 카페를 운영하기도 했습니다. 17층이라는 특성상 물을 끌어오는 구조가 아니다 보니 물 사용량이 많은 시간대에 유량이 들쑥날쑥할 수 있기 때문이죠.

커피앤시가렛은 많은 사람들이 생각하지 못했던 '발상의 전환'으로 시청역 중심에서 새로운 '시선의 차이'를 소비자들에게 제공할 수 있었습니다. 만약 보통의 사람들처럼 유원빌딩을 바라보았다면, 일반 사무실로 임대를 주거나 오피스로 직접 운영을 했을 수도 있습니다. 그러면 우리가 흔히 도로에서 마주치는 일반적인 분양 상가 시설과 크게 다르지 않았을 테고, 시티뷰 맛집은 탄생할 수 없었겠죠. 부동산, 자본을 논하기 전에 선행되어야 할 것이 이런 생각의 차이라고 생각합니다. 같은 장소, 공간을 바라보더라도 다르게 생각하고 다르게 발상하는 자세, 어쩌면 그 자세가 자본을 뛰어넘을 수 있지 않을까요?

브랜드 인터뷰

커피앤시가렛 이예지 대표

Q1. 커피앤시가렛 1호점은 어떻게 시작하게 되었는지?

원래는 의류 브랜드의 디자인 사무실을 찾고 있었습니다. 처음부터 카페를 운영할 목적으로 시작한 것은 아니었습니다.

Q2. 17층의 공간을 선택한 이유는?

창밖에 펼쳐진 시원한 풍경과 북향 특유의 차분함 덕분에 한번 앉으면 일어나기가 싫더라고요. 오래도록 머무르고 싶어지는 분위기를 혼자 독차지하기는 조금 아깝다는 생각이 들어 카페를 시작하게 되었고, 의류 브랜드를 접고 카페 사업에만 집중했습니다. 그렇게 커피앤시가렛이라는 브랜드가 탄생하게 된 것이죠.

Q3. 이 공간을 어떻게 브랜딩했는지?

처음부터 커피와 함께 담배를 팔기로 정했습니다. 따라서 네이밍 등 초반의 브랜딩에는 크게 어려운 점은 없었습니다. 다만 이곳이 길을 지나며 쉽게 눈에 띄는 곳이 아니다 보니 어떻게 알려야 할지 고민을 많이 했습니다. 아무래도 모르는 분들께 소개하는 도구로는 인스타그램이 제일 좋다고 판단해 창업 초반부터 열심히 카페에 대해 기록하고 공유했습니다. 그게 지금까지 쭉 이어져 오고 있고요.

Q4. 1호점을 하면서 겪은 어려움은?

17층이라는 특성상 지상에서 물을 끌어오는 구조가 아니다 보니 물 사용량이 많은 시간대에 유량이 들쑥날쑥한 점이 여전히 가장 신경 쓰는 부분입니다. 커피 찌꺼기가 배수관에 막히면 감당할 수 없는 큰 공사를 해야 해서 그 부분도 여러 방법을 사용해 관리하고 있습니다. 인테리어나 매장 보수를 해야 하는 경우에도 타 사무실에 피해가 가지 않도록 주말만 이용해야 하고요. 다양한 문제가 닥칠 때마다 같이 고민해 준 협력 업체들도 이렇게까지 크고 작은 문제들이 많이 발생하는 매장은 처음 봤다고 했을 만큼 3년 차 정도까지는 정말 많이 고생했습니다.

Q5. 미래의 브랜드 대표에게 해 주고 싶은 한마디는?

어떤 거창한 목표보다는 성실하게 장사와 브랜딩에 필요한 역할을 수행하는 게 가장 중요하다는 생각입니다. 매장이 바빠지고 매출이 늘어난다고 해도 한 분의 손님이 귀하다는 마음을 잃지 마시길 바랍니다.

TIP BOX

브랜드와 부동산의 상관관계

커피앤시가렛 시청점

아무도 관심을 갖지 않는 오피스 상층부에 카페를 만들었습니다. 그곳에서 즐길 수 있는 압도적인 파노라마뷰가 소비자의 마음을 훔쳤습니다. 오피스 부동산을 카페로 인식하는 '발상의 전환'으로 새로운 카페 입지를 만들어 냈습니다.

뷰포인트	접근성	가시성	공간감	차별성
★★★★★	★☆☆☆☆	★☆☆☆☆	★★★★☆	★★★★★

지도 속 A는 커피앤시가렛을 표기한 것이다. 1~4까지는 커피앤시가렛 인근 건물의 거래 사례를 표기한 것이다. 브랜드의 영향도를 파악하려면 해당 부동산 혹은 분양 사례 등을 찾아야 하지만 인근에 유사 비교 사례가 드물어 브랜드 입점 후 거래된 건물 정보로 대신했다. 커피앤시가렛이 위치한 건물의 경우 금액대가 큰 오피스 건물이기 때문에 앞서 말한 브랜드의 영향도를 파악하기란 어려움이 있다. 또한 건물의 연면적, 연식 등에 따라 금액의 차이가 크다는 점을 밝혀 둔다.

- 출처: 자체 조사, 네이버부동산, Disco, 밸류맵, 서울시 상권분석서비스 | 단위: 만 원
- 위 지도에서 각 부동산 면적의 크기는 위치 비교를 위해 실제보다 크게 표기했다.

반지하로
시작하라

컨플릭트
스토어

임대료의 가치 찾기

만약 여러분이 자본금 1억 원으로 카페를 차린다면 어떤 콘셉트로 어디에 만들고 싶으세요? 다양한 선택의 기로에 놓일 것입니다. '내가 생각하는 콘셉트를 유지할 것이냐', '인테리어 비용을 줄일 것이냐', '메뉴 원가를 낮출 것이냐', '직원을 뽑지 않을 것이냐', '부동산 임대료를 낮출 것이냐' 등처럼 말이죠. 이때 가장 먼저 고려되는 부분이 바로 임대료입니다. 브랜드의 콘셉트나 인테리어, 메뉴 그리고 직원과 관련된 사항은 결국 하나의 브랜드에 자산이 되는 요소입니다. 잘 준비한 콘셉트와 인테리어는 브랜드의 아이덴티티가 되고 소비자들에게 그 이미지가 잘 전달된다면, 지속적 성장의 비결이 되기도 합니다. 만약 F&B(식음료) 업종을 선택하셨다면 메뉴는 쉽게 포기할 수 없는 항목입니다. 결국 맛있어야 재방문이 이루어지기 때문이죠. 그렇다면 직원은요? 나가면 그만 아니냐고요? 제가 만나 본 대부분의 잘되는 브랜드를 운영하는 사람들은 오랜 시간 함께해 온 직원이 있었습니다. 브랜드라는 건 결국 혼자만 잘한다고 만들 수 있는 게 아니기 때문이죠. '내가 ○○ 브랜드 대표야'라고 할지라도 그 결과를 이루기까지 직원들의 도움이 없었다고 한다면, 막 세상에 태어난 갓난아기가 '나는 스스로 태어났어'라고 말하는 것과 다름없겠죠.

마지막에 남는 요소가 바로 임대료입니다. 임대료는 결국 소모비이기 때문입니다. 브랜드 매장을 운영할 때 매월 지불되는 임대료는 대표 입장에서는 다시 돌아오지 않는 비용이죠. 물론 그만한 가치가 있는 장소와 공간을 대여하는 조건으로 적당한 금액의 임대료를 지불한다면 괜찮습니다. 단, 애매한 장소에 애매한 비용을 지불해서 브랜드의 콘셉트, 인테리어, 메뉴, 직원에게 지불되는 비용을 고민하게 한다면 그건 '나쁜 임대료'인 것입니다. 임대료는 그만한 가치가 있는 장소를 사용하는 전제로 지불하는 비용이 되어야 하며, 사용하는 공간의 활용성을 200% 이상 높일 수 있는 콘텐츠를 기획해야 합니다. 활용성을 높이기 위한 방법 중 하나로 물리적으로 협소하거나 이색적인 장소를 선택하는 방법이 있습니다. 앞서 언급한 GPS 덕분에 우리는 그 어떤 장소도 손쉽게 찾아갈 수 있습니다. 만약, 장소가 협소하거나 방문하기에 조금 불편하더라도 가 보고 싶은 '마음'이 들게 한다면, 그 자체로 브랜드 매장이 갖춰야 할 요소를 마련한 셈입니다. 가로수길 반지하 1층에 1호점을 운영했던 컨플릭트스토어가 그 예입니다.

가고 싶은 반지하라니

컨플릭트스토어는 '커피 오마카세*'라는 독보적인 콘셉트로 가로수길의 피겨앤그라운드라는 시설 1층, 잠실 소피텔 호텔의 1층 그리고 용산 아모레퍼시픽 사옥 지하 1층 등에 자리 잡은 카페 브랜드입니다. 지금은 많은 사람들이 관심을 갖고 위에 나열된 곳들처럼 중심가에 자리 잡은 주요 건물에서도 찾는 브랜드지만 그 첫 시작은 작은 반지하였습니다. 첫 매장은 가로수길 신구 초등학교 근처의 주택가였

* 오마카세는 '남에게 모두 맡긴다'는 뜻의 일본어로 셰프의 추천 메뉴를 의미합니다. 컨플릭트스토어에서는 바리스타가 추천하는 희소성 있는 원두를 다양한 추출 방식으로 마실 수 있습니다.

작은 반지하에서 시작한 카페 컨플릭트스토어의 내부 모습 | 출처: 컨플릭트스토어

습니다. 컨플릭트스토어가 자리 잡은 건물은 지하 1층, 지상 3층의 다가구 주택이었습니다. 1994년경 사용 승인*이 떨어진 이후로 여러 세대가 함께 이용하던, 우리가 쉽게 볼 수 있었던 다가구 주택 중 하나였습니다. 그러다 2013년 소유권 이전이 되면서 새로 바뀐 건물주는 본 건물의 공사를 진행하게 됩니다. 이 과정에서 지하 1층과 지상 1층 내력벽 일부를 철거 및 보강하는 대수선 공사를 진행해 건물의 용도를 변경하게 되었는데요. 지하 1층은 음식점, 지상 1층부터 지상 3층까지는 사무실 용도로 건물의 쓰임새가 완전히 바뀌게 되었습니다. 일반적으로 도심 인근에 위치한 다가구 주택의 리모델링은 위와 같은 방식을 많이 띠는데, 이때 주의할 사항은 다가구 주택과 다세대 주택의 차이점입니다. 다가구 주택은 건물주가 1명인 데 반해, 다세대 주택은 각 호실별 개별 소유주가 있습니다. 따라서 전체 건물을 리모델링하려고 한다면 개별 소유주가 있는 다세대 주택보다는 1명의 소유인 다가구 주택이 보다 수월하겠죠. 물론 건물 내에 거주하고 있는 거주자들과 명도 협의는 필요하겠지만요.

컨플릭트스토어 1호점이 위치했던 다가구 주택은 지하 1층과 지상 1층을 음식점 혹은 판매 시설로 이용이 용이하게끔 외부 계단을 설치하고, 매장이 외부로 노출될 수 있게 전면 파사드를 큰 유리창으로 교체했습니다. 그리고 지상 2층부터는 붉은 벽돌 건물처럼 보일 수 있

* 사용 승인은 건축물이 다 지어지고 소속 지자체에서 사용해도 된다는 승인이 부여된 상태를 말합니다. 건물을 계획대로 잘 지었는지, 어떤 문제는 없는지 확인을 하고 실제로 사용하게 승인해 주는 것이죠.

도록 외부에 벽돌타일 시공을 진행했습니다. 선명한 붉은 벽돌이 멀리서도 눈에 뜨일 수 있는 건물의 역할을 하게 만드는 것이죠. 저층부와 상층부의 대비되는 파사드는 방문객의 입장에서도 시설 이용의 구분성을 명확하게 인지시켜 줍니다. 또한 대로변 앞쪽으로 일부 셋백(set-back, 초기의 부지 경계선에서 외벽을 뒤로 물리는 것)해 일부 유휴 공간을 만들어 조경이나 패널 등을 설치할 수 있게 되는 것이죠. 다가구 주택을 보유하고 있는 건물주에게도 배울 점을 주는 리모델링 사례 중 하나입니다.

또한 해당 건물의 지하 1층은 지상에서도 일부 가시성을 갖고 있는 구조입니다. 소위 '반지하'라고 불리는 구조인데요. 우리나라 주택 단지 곳곳을 살펴보면 이처럼 지하, 반지하 구조의 주택 시설을 많이 볼 수 있습니다. 그런데 이렇게 쉽게 주변에서 볼 수 있는 지하, 반지하의 목적이 방공호였던 걸 아시나요? 전쟁이 끝나고 얼마 안 된

컨플릭트스토어 건물 리모델링 전후 | 출처: 카카오맵(https://kko.to/1Ba0yMMefA)

1968년 5월, 김현옥 당시 서울시장은 군사적 목적으로 지하에 방공 시설을 개발해 전시 체제하에 인구를 대피시킬 수 있는 목적으로 지하, 반지하 시설을 권장했습니다. 건축법을 개정해 허가 조건으로 2층 이상은 지하에 창고, 3층 이상은 건물 수용 인원의 70%를 수용할 수 있는 주차장이나 창고 시설을 갖추도록 강제 규정을 넣겠다고 했습니다.

그렇게 생겨나게 된 지하 및 반지하는 이제는 동네 어디서든 쉽게 볼 수 있는 곳이 되었습니다. 서울의 반지하, 지하 주택은 약 20만 3천 호로 추정됩니다(2021년 기준). 그중 약 80%가 1995년 이전에 사용 승인을 받은 노후 주택입니다. 장마철이면 반지하, 지하 주택의 침수 피해도 많이 발생하며 거주 공간의 그늘진 지역으로 꼽히기도 합니다. 이러한 반지하에 자리 잡은 컨플릭트스토어는 반지하만이 갖는 특징을 장점으로 잘 살려 낸 매장입니다. 먼저 반지하 공간의 경우 층고가 낮은 곳들이 대부분입니다. 지하가 아닌 반지하를 만든 이유도 건축적으로 지하를 깊게 팔수록 비용이 많이 발생하기 때문인데요. 동시에 지하층의 경우 건물의 층수와 용적률에 포함되지 않기 때문에 건축주의 입장에서는 그만큼 임대 수익을 높일 수 있는 수단이기도 하죠. 결국 비용을 최소화하고 수익을 극대화하기 위한 임대인의 노력(?)의 결실과도 같은 곳입니다.
공간을 운영하는 브랜드의 입장에서 층고가 낮으면 공간이 다소 협소하고 답답해 보일 수 있는 단점이 있습니다. 하지만 반대로 생각하면 아늑해 보일 수 있는 기회이기도 하죠. 추운 겨울날 밖에 있다 들어와서 따뜻한 물로 손을 씻으면 물의 온도를 더 확연하게 느낄 수 있듯이요. 반지하라는 좁은 공간도 더 좁고 아늑하게 공간을 구성할수록 낮은 층고와 협소한 공간의 높은 집중도와 몰입도를 경험할 수 있게 됩니다. 컨플릭트스토어 1호점도 그러한 강점을 잘 살린 매장이었습니다. 내부는 붉은 톤을 유지하면서 아늑한 분위기를 연출했고 낮은 조도로 공간의 무게감을 살렸습니다. 그리고 감각적인 음악 사운드로 공간을 가득 채워 낮은 층고, 좁은 면적을 보다 풍성하게 채웠습니다. 거기에 명확한 콘셉트 '커피 편집 숍'으로 커피의 레드오션인 가로수길에서 꾸준히 사랑받는 브랜드가 될 수 있었습니다. 다양한 해외 브랜드의 커피를 한자리에서 경험할 수 있는 공간인 커피 편집 숍은 소비자로 하여금, 단순히 카페를 '마시는 공간'이 아니라 '경험하는 공간'으로 인식하게 해 카페 그 이상의 가치를 부여합니다. 공간이 주는 독특한 매력에 커피 편집 숍이라는 색다른 접근은 그냥 지나치는 카페가 아닌 목적을 갖고 방문하고 싶은 장소가 되었던 것이죠.

커피 업계에서 탄탄히 자리매김하면서 컨플릭트스토어는 잠실점(2호점)을 오픈하게 되었고 그 후로 1호점을 서울 신사동의 넓은 1층 매장에 이전하기에 이릅니다. 반지하만이 가질 수 있던 감성은 더 이상 느낄 수 없게 되었지만 보다 쾌적하고 세련된 공간에서 다양한 커피를 즐길 수 있게 되었죠. 컨플릭트스토어의 성장 과정을 살펴보면 새로운 시작을 하는 사람들이 참고할 만한 자세가 있다고 생각합니다. 첫 시작부터 대단한 준비 자세가 필요한 것이 아닙니다. 그저 묵묵히, 꾸준히 연습하고 근력을 기르는 자세를 갖는다면 사람들이 알아봐 주는 순간이 찾아오고 그 순간에 준비된 자세에 날개가 달리는 것이죠. 반지하라는 방문하기 다소 불편한 공간일지라도 명확한 공간과 브랜드의 콘셉트와 탁월한 메뉴 선정이 뒷받침된다면 오히려 반지하 공간이라서 더 방문하고 싶게 만들 수 있습니다. 그 후에는 더 좋은 입지로 매장을 이전할 수도 있고, 추가 출점을 할 수도 있는 것이죠. 결국, 자리와 자본에 연연하지 말고 소신껏 브랜드를 이끌어 간다면 승리하는 브랜드가 될 수 있습니다.

컨플릭트스토어 잠실점 내부 | 출처: Studiobold

브랜드 인터뷰

컨플릭트스토어 박진훈 대표

Q1. 첫 매장을 어떻게 발견하게 되었는지?

컨플릭트스토어의 첫 매장은 2000년 후반부터 자주 가던 장소 근처였습니다. 가로수길 인근에는 빌라들, 특히 오래된 건물들이 많았는데 그중에서 층고가 확보된 반지하 공간들이 있었습니다. 따라서 저렴한 임대료에 효과적인 공간을 확보할 수 있었죠. 압구정역 쪽으로도 빌라들이 운집해 있어서 넘쳐 나는 유동 인구로 다른 상권보다 높은 매출을 기대할 수 있다고 판단했습니다. 실력 있는 가게들이 인근에 모여들어 각 골목마다 갈 곳이 풍부했고, 한 장소에서 모든 것을 해결할 수 있었죠. 처음 자리 잡은 장소 맞은편 반지하에는 스콘을 주력 메뉴로 하는 커피 브랜드가 인기였습니다. 제가 기획한 브랜드는 각 로스터리 커피를 소개하는 편집 숍 콘셉트로 차별성이 있었고, 이로 인해 시너지가 날 거라고 생각했습니다.

Q2. 반지하 공간을 어떻게 브랜딩했는지?

반지하 공간이었고 생각보다 층고는 높았지만 저는 오히려 공간의 집중도를 높이기 위해 층고를 과감히 낮췄습니다. 그리고 야외 분위기를 내기 위해 손님들이 앉는 공간의 파티션을 외벽에 쓰이는 벽돌로 만들었고 바닥에 모래를 깔았습니다. 거기에 어두운 조명을 사용해 상대에게 더 집중할 수 있는 분위기를 연출했고, 음악 볼륨을 높여 작은 공간에서 다른 사람과 목소리가 겹치지 않도록 만들었습니다. 이 모든 것들이 우리의 공간과 커피에 집중하게 만드는 역할을 했습니다.

Q3. 1호점을 운영하면서 겪은 어려움은?

하루도 쉬지 않고 14시간씩 일을 했고, 그 안에서 성장이라는 기쁨을 누렸습니다. 처음에는 집이 없어서 차나 찜질방에서 자면서도 가게에 오는 손님들을 기다리며 즐겁게 생활했고 좋은 건물주를 만나 계약 문제도 없었습니다(코로나 시기에는 임대료를 많이 깎아 주셨습니다). 몸은 힘들었지만 브랜드와 함께 성장하는 즐거움이 그보다 더 컸습니다.

Q4. 1호점이 지금의 브랜드를 만들기까지 어떤 역할을 했는지?

노력은 배신하지 않는다는 것을 알려 주었습니다.

Q5. 미래의 브랜드 대표들에게 해 주고 싶은 말이 있다면?

매일 하는 일이 반복적이고 지루할 수 있지만, 같은 일이 아니라 다른 일을 반복하고 있다는 것을 알아주시면 좋겠습니다. 반복과 차이라는 단순한 명제 속에 성장이 있습니다.

TIP BOX

브랜드와 부동산의 상관관계

컨플릭트스토어 가로수길점(이전함)

부동산적으로 많은 단점을 갖고 있는 반지하라도 어떻게 활용하느냐에 따라 공간의 경험이 달라질 수 있습니다. 몰입도 높은 인테리어, 낮은 조도, 높은 사운드, 거기에 커피 편집 숍이라는 새로운 개념은 소비자의 이목을 집중시키기에 충분했고, 반지하라는 부동산적 단점을 브랜드의 장점으로 극대화시켰습니다.

지도 속 A는 컨플릭트스토어 과거 1호점을 표기한 것이다. 1~4까지는 컨플릭트스토어 인근 건물의 거래 사례를 표기한 것이다. 사례 기준은 컨플릭트스토어가 입점한 이후 사례를 우선으로 인근에 위치해 있으면서 브랜드가 입점된 건물과 유사한 건물 면적이거나 토지 면적을 기준으로 선정했다. 모든 입지가 같을 수 없으므로 시기적으로 연면적 평당, 토지 평당 가격이 연도별·위치별로 어떻게 달라졌는지 보기 위한 데이터이다.

• 출처: 자체 조사, 네이버부동산, Disco, 밸류맵, 서울시 상권분석서비스 | 단위: 만 원
• 위 지도에서 각 부동산 면적의 크기는 위치 비교를 위해 실제보다 크게 표기했다.

숨은 치즈 찾기

유어 네이키드치즈

다채로운 치즈 같은 공간

한국인이라면 '식사의 마무리는 볶음밥이다'라는 말에 공감하실 겁니다. 맛있는 식사 후 각종 야채와 밥을 프라이팬에 약간 눌어붙게 만든 볶음밥은 웬만한 디저트보다 더 완벽한 식사의 마무리라고 생각합니다. 그리고 그 위에 눈처럼 뿌려지는 치즈는 볶음밥의 감칠맛을 한층 더 올려 주는 화룡점정이죠. 어떤 식당을 방문했는데 만약 볶음밥에 치즈 추가가 불가능하다면 약간의 아쉬움이 들 정도니까요. 치즈는 이렇게 토핑이 되기도 하고 근사한 와인 바에서는 필수적으로 시켜야 되는 메인 메뉴가 되기도 합니다. 치즈 플래터의 각종 치즈를 와인과 함께 먹으면 이곳이 프랑스인지 서울인지 알 수 없을 정도니까요. 꼭 근사한 레스토랑을 방문하지 않아도, 웬만한 백화점 식품 코너에서는 바다를 건너온 수십 종류의 치즈를 쉽게 발견할 수 있습니다. 그 덕분에 레스토랑에서만 접하던 치즈를 집에서 손쉽게 먹을 수 있게 되었죠. 낙농진흥회에 따르면 우리나라 연간 치즈 소비량은 약 20만 톤이나 된다고 합니다(2022년 기준). 타이태닉호의 무게가 5.3톤 정도라고 하니, 그 거대한 배 네 척 분량의 치즈를 연간 소비하는 셈입니다.

당신을 위한 치즈라는 콘셉트

우리나라에서 치즈가 확산된 시기는 그리 오래되지 않았지만, 현재의 관점에서 치즈는 분명 많은 사람들이 좋아하고 즐겨 먹는 식재료임에는 분명합니다. 그런 치즈를 웬만한 매거진보다 패셔너블하게 풀어낸 브랜드가 바로 유어네이키드치즈입니다. 성수동 골목 한 켠에 자리 잡은 유어네이키드치즈는 치즈를 콘셉트로 한 와인 바 겸 편집숍입니다. 과거 1호점은 성수동 골목 구석에 있었지만 지금은 위치를 조금 옮겨서 서울숲역과 뚝섬역 인근에서 만날 수 있습니다.

유어네이키드치즈(Your naked cheese)라는 이름은 처음 듣는 사람에게는 다소 낯설 수 있습니다. 간단하게 요약하면 다소 생소할 수 있는 치즈를 고객의 눈높이에 맞춰 취향에 맞게 제안하는 친근한 브랜드라는 뜻을 내포하고 있습니다. 브랜드 이름만 봐도 '치즈'라는 카테고리를 고객의 관점에서 풀어내려고 한 의도가 보이지 않나요? 물론 치즈를 대하는 방식도 새로웠습니다. 매장을 방문해 보면 내추럴 와인과 치즈 및 식자재, 음식을 판매하는 와인 바입니다. 그렇지만 'ㅇㅇ 와인 바' 식의 명칭을 사용하기보다 '치즈'에 집중했습니다. 즉, '치즈 편집숍'이 유어네이키드치즈의 정체성인 셈입니다. 실제로 브랜드를 만들었을 때 온라인으로 제품 판매를 우선적으로 진행하다가 추후에 오프라인 매장을 하나둘씩 늘려 나간 것을 알 수 있었습니다. '치즈'라는 카테고리를 정하고 '치즈 편집 숍'이라는 세부 콘셉트를 수립한 뒤 이에 걸맞은 네이밍과 브랜드 운영이 이어진 것입니다. 그 후에 오프라인 매장을 운영함에 있어서 치즈와 가장 잘 어울리는 것이 와인이기 때문에 유어네이키드치즈 와인 바가 탄생하게 된 것입니다. 만약 와인 바를 만들 계획이었고 치즈는 메뉴 중 하나였다면 지금과 같은 분위기의 매장이 나오긴 어려웠을 것입니다. 와인 바를 만들려고 한 것이 아니라 치즈 및 식자재를 판매하는 목적이 우선시되었기 때문에 오히려 와인이 필요해진 것이죠. 즉 메인이 치즈이고 와인은 안주인 셈입니다. 웩더독(wag the dog)이라는 주식 시장 용어가 있습니다. 직역하면 '꼬리가 개의 몸통을 흔든다' 정도로 해석되는데요. 주식 시장에서 선물(꼬리)이 현물(몸통) 시장을 좌지우지한다는 현상을 가리킵니다. 이 용어는 마케팅적으로도 활용됩니다. 유어네이키드치즈 일명 '유네치'는 와인 바에 치즈 안주가 아닌 '치즈 바에 와인 안주' 콘셉트를 접목시킨 것입니다. 설령 실제 매장에서는 치즈보다 와인 가격이 더 비싸더라도 말이죠.

유네치는 콘셉트에 충실하게 여러 나라의 브랜드 치즈를 컬렉팅해 선보이고 있습니다. 각기 다른 출신의 치즈, 크래커는 물론 치즈와 와인을 선별해 패키지 구성으로 피크닉에 안성맞춤인 다양한 라인업을 선보이고 있습니다. SNS 피드만 봐도 얼마나 브랜드가 지속적으로 같은 톤앤매너를 유지하고 있는지를 알 수 있습니다. 적당히 붉은색의 채도와 눈을 자극하는 다채로운 색감은 유네치의 매장에서도 고스란히 느낄 수 있습니다.

숨어도 빛나는 매장의 전략

과거 1호점의 경우 성수동에서도 꽤나 구석진 입지에 위치해 있었습니다. 컬러풀한 치즈 및 와인을 판매하는 공간이 있을 거라고는 상상이 되지 않을 정도로 골목에 위치한 일반적인 건물 1층에 자리 잡았습니다. 서울숲역과 뚝섬역에서 도보로는 꽤 거리가 있는 위치에 있으면서도 인근에 유명한 리테일 관련 시설이나 소비를 받쳐 주는 주거 시설이 부족한 입지이기도 합니다. 무엇보다 활성화된 상권이 아닌 빌라 주택 단지 중앙에 있다 보니 직접 공간을 찾아보고 오지 않는 이상, 지나가면서 들르기에는 물리적 한계가 많은 곳이었죠. 건물 외관 또한 전형적인 다가구 주택의 모양이었습니다. 코너에 위치해 있지만 1층은 일부 필로티 구조를 띠고 있으며 주차장이 코너를 낀 전면에 배치되어 1층에 자리 잡은 유네치 매장은 파사드가 차량에 자연스럽게 가려지게 됩니다. 즉, 매장을 운영하기에는 열악한 환경의 자리를 택한 것인데요. 이렇게 숨어 있는 매장임에도 불구하고 오픈 후 얼마 되지 않아 많은 매거진을 통해 노출되었고, 이를 본 소비자들이 유네치를 방문하기에 이릅니다.

과거 유어네이키드치즈 1호점이 운영되던 건물 외관 I 출처: 카카오맵(https://kko.to/aCxSz1d4Z_)

과거 1호점 내부 모습 | 출처: 유어네이키드치즈

1호점의 경우 해당 건물의 1층 약 30평 남짓한 공간을 사용했습니다. 내부 바닥은 파란색 카펫으로 통일감을 주었고 벽면은 깨끗한 하얀색으로 페인트칠해 대비되는 색감을 제공했죠. 하얀 벽면을 따라 컬러풀한 와인 및 식자재들이 전시장처럼 배치되어 제품을 보는 재미를 한껏 더했습니다. 지금은 여느 동네의 내추럴 와인 숍들이 이러한 색감, 배치를 쉽게 사용하지만 당시에는 이런 컬러 조합이 굉장히 신선했고 눈에 띄는 효과를 가져왔습니다. 그것도 '치즈'로 말이죠. 사실 매장에서 판매하는 제품이 치즈만 있었던 것은 아닙니다. 절인 토마토, 발사믹 식초, 올리브, 내추럴 와인 등 그로서리 매장에서 볼 법한 다양한 식재료를 한자리에서 볼 수 있었죠. 판매하는 제품들의 공통점이 하나 있었는데요. 바로 한국어로 된 제품이 하나도 없다는 것입니다. 여러 나라에서 건너온 제품들이 다양한 네이밍과 컬러, 패키징을 토대로 전시되어 있는 분위기를 연출했죠. 무지갯빛 그 이상의 컬러 조합과 외국어로 된 패키징은 마치 미술관에서 난생처음 보는 작품을 만나는 기분이 들게 했습니다. 자연스럽게 누르게 되는 핸드폰 카메라 셔터는 덤이고요.

인간은 자극에 예민합니다. 매번 새로운 자극을 원하기도 하고요. 지금의 시점에서 과거 유네치의 매장을 보면 과연 어떤 생각이 들었을까요? 아마도 '어디서 많이 보던 거네'라는 생각이 들 수도 있습니다. 그만큼 유사한 매장이 많이 생겨났고 주변에서 쉽게 찾을 수 있는 공간이 되었다는 이야기죠. 하지만 유네치는 남들보다 빠르고 명확하게 우리가 원하는 새로운 자극을 만들어 내었습니다. 한눈에 담기 어려운 다양한 색감의 컬러를 제품을 통해서 보여 준 것이죠. 실제로 유네치의 인스타그램 피드만 보더라도 그 변천사를 확연히 느낄 수 있습니다.

전반적인 높은 채도의 톤은 유지했지만 다양한 컬러를 활용하는 모습은 보다 최근인 것을 알 수 있습니다. 과거의 유네치 매장을 현재의 누군가가 모방한다면, 지금의 유네치는 더 발전되고 세련된 제품 구성과 배치 그리고 디스플레이를 보여 주고 있는 것이죠. 브랜드를 운영하는 사람이라면 이 점에 주목해야 됩니다. 초기의 성공보다 지속적 발전이 더 중요하다는 점입니다.

1호점은 그 역할의 기본을 톡톡히 보여 준 곳입니다. 남들보다 발 빠르게 색다른 콘셉트의 치즈 편집 숍·와인 바를 오픈했고 30평 남짓한 공간을 다채로운 색으로 가득 채웠습니다. 그리고 각종 패션, 라이프스타일 브랜드와 컬래버를 진행해 백화점 등에서 브랜드 팝업 스토어

인스타그램 피드 변천사(오른쪽이 최근) | 출처: 유어네이키드치즈

를 열었습니다. 만약 컬래버 대상이 패션 브랜드라면 브랜드의 컬러 및 콘셉트에 부합하는 와인 셀러, 식자재 제품 디스플레이, 치즈 플레이팅으로 해당 브랜드의 비주얼을 더욱 풍성하게 만들어 주었습니다. 이러한 모든 새로운 기회가 바로 1호점에서 시작되었습니다.

유네치라는 브랜드를 보면 어쩌면 부동산이 중요하지 않다고 생각할 수도 있습니다. 좋은 입지라고 말하기 어려운 골목 안쪽에 위치해 있었고 교통도 편리하지 않은 장소를 골랐습니다. 건물의 외관도 특색 있지 않았으며 일반적인 주거 시설이나 오피스 시설 등의 하층부 공간을 이용했습니다. 그런 연유로 목적성이 있지 않는 이상 길거리를 지나다가 유네치를 방문하기란 결코 쉬운 일이 아니었죠. 하지만 무엇보다 부동산에 집중한 브랜드라고 생각합니다. 부동산이라는 것이 지하철역에서 얼마 거리에 위치해 있고 주차는 총 몇 대가 가능하다는 것이 전부가 아니기 때문입니다. 오히려 부동산 그 자체에 집중하게 되면 공간의 면적과 구성이 더 중요하게 됩니다. 쉽게 말해 이용하는 공간의 형태가 직사각형인지 정사각형인지 사다리꼴인지, 마름모꼴인지에 따라 매장 운영의 방향이 바뀌게 됩니다. 또한 층고가 3*m*인지 4*m*인지 혹은 그 이상인지에 따라 소비자가 경험하는 공간의 부피감 또한 천차만별이 되는 것이죠. 매장 내부에 시선의 간섭을 느끼게 하는 기둥이 없고 반듯한 직사각 형태와 높은 층고는 공간을 방문하는 것만으로도 만족감을 느끼게 하기에 충분합니다.

유네치 1호점은 중앙에 긴 테이블을 놓고 많은 사람들이 원테이블 레

과거 1호점 내부 디스플레이 모습 | 출처: 유어네이키드치즈

스토랑에 온 듯한 기분이 들 수 있는 장소를 만들었습니다. 직사각형 형태의 매장은 3면을 제품 디스플레이를 진행해 테이블에 앉아서 자연스럽게 벽면의 제품을 관람하게 유도했습니다. 그리고 전면 파사드를 유리로 제작해 매장 안에 가득 차 있는 다양한 컬러를 외부에서 조망할 수 있게 만들었습니다. 즉, 유리벽이 마치 영화관의 스크린처럼 외부에 있는 사람들에게 다양한 색과 멋을 제공하는 역할을 한 것입니다. 참고로 유네치가 이전한 새로운 성수동 매장의 경우 과거 매장과는 다르게 높은 층고의 1층 공간을 택했습니다. 그 덕에 쾌적하고 넓은 공간감을 즐길 수 있죠. 1호점과 똑같은 구성이 아니라 또 다른 '진화'를 거듭해 나가고 있는 것입니다. 장인이 도구를 탓하지 않듯, 제한된 부동산적 요소를 공간 콘셉트와 브랜드 가치로 충분히 극복할 수 있다는 것을 유네치는 증명한 셈입니다.

TIP BOX

브랜드와 부동산의 상관관계

유어네이키드치즈 성수점(이전함)

처음 시작하는 브랜드의 부동산은 길을 찾아보며 가야 하는 경우가 많습니다. 유어네이키드치즈, 일명 유네치는 치즈가 메인인 가게라는 독특한 콘셉트와 컬러풀한 제품 구성, 이를 돋보이게 하는 깔끔한 내부 인테리어로 사람들이 찾아오고 싶게 만들었습니다. 콘셉트를 잘 구현할 수 있는 부동산의 면적 및 구성으로 소비자의 만족도를 충족시켰기 때문에 지금의 유네치가 있을 수 있었습니다.

지도 속 A는 유어네이키드치즈 과거 1호점을 표기한 것이다. 1~4까지는 유어네이키드치즈 인근 건물의 거래 사례를 표기한 것이다. 사례 기준은 유어네이키드치즈가 입점한 이후 사례를 우선으로 인근에 위치해 있으면서 브랜드가 입점된 건물과 유사한 건물 면적이나 토지 면적을 기준으로 선정했다. 유어네이키드치즈 1호점은 현재 이전했으므로, 과거 오픈 후 인근 연도(2019~2021년)에 한해 조사했다. 모든 입지가 같을 수 없으므로 시기적으로 연면적 평당, 토지 평당 가격이 연도별·위치별로 어떻게 달라졌는지 보기 위한 데이터이다.

- 출처: 자체 조사, 네이버부동산, Disco, 밸류맵, 서울시 상권분석서비스 | 단위: 만 원
- 위 지도에서 각 부동산 면적의 크기는 위치 비교를 위해 실제보다 크게 표기했다.

2개의 건물이
만든 쉼터

손으로 느끼는 감정의 대중화

도자기 만드는 체험을 해 보신 적 있나요? 연애할 때 새로운 데이트 코스를 고민하다 보면 떠오르는 대안 중 하나인데요. '도자기'라는 단어가 갖는 이미지가 온화하고 평온해서 그런 분위기를 즐기러 갔다가 마음처럼 작업이 순조롭지 않아 오히려 화를 쌓고 오기도 하죠(유경험자 여기 있습니다). 저는 도자기 작업을 꽤 오랫동안 했고, 직접 만든 도자기로 소박하게나마 전시도 했는데요. 다 큰 성인이 무언가를 취미로 오랜 시간 지속한다는 것이 쉽지는 않았습니다. 잘 만들어지지 않는 도자기로 인해 도자기 대신 화를 만들기도 했고요. 그렇지만 제가 도자기를 좋아한 이유가 분명 있었습니다. 바로 맨손으로 무엇이든 만들 수 있다는 것입니다. 무언가를 만들려면 보통 도구가 필요합니다. 목공을 하려면 나무를 자를 톱이 필요하고 옷을 만들려면 바느질을 대신할 재봉틀이 필요한 법입니다. 아날로그적인 도구가 아니어도 3D 프린터 하나는 있어야 플라스틱 컵이라도 만들 수 있죠. 하지만 도자기는 그 도구가 바로 손입니다. 손만 있다면 컵, 그릇, 항아리, 화병, 화분, 오브제 등 다양하게 도자기로 만들 수 있습니다. 모든 도자기에는 손맛이 들어가는 법인데요. 그렇기 때문에 우리 눈에 보다 자연스럽게 인식되고, 따뜻한 기운을 주기도 합니다. 이러한 도자기, 공예 작품을 대중들에게 인식시킨 브랜드가 있습니다. 바로 챕터원입니다.

수공예 작품들이 주는 분위기

챕터원은 2023년 기준으로 운영한 지 10년 된 브랜드이며 가구, 오브제 등을 좋아하는 사람이라면 한 번쯤은 방문하는 라이프 스타일 편집 숍입니다. 챕터원 매장에 가면 일반적인 가구, 라이프 스타일 편집 숍과는 다른 기분을 느낄 수 있는데요. 그 가장 큰 이유는 바로 공예 작품입니다. 수십 명의 한국 공예 작가 작품들이 전시되어 있어 온화하고 동양적인 분위기를 공간에서 느낄 수 있습니다.

공예란 무엇일까요? 대략적인 감으로는 아실 텐데요. 보다 명확한 인지를 위해 다른 질문을 드리겠습니다. 공예와 디자인의 차이는 무엇일까요? 이 질문에는 약간의 고민이 필요할 수도 있습니다. 공예는 왠지 모르게 오래되고 전통성 있는 것 같고 디자인은 좀 더 현대적이고 세련된 의미일 것 같은데요. 공예는 영어로 craft 즉, 장인(craftman)이 만드는 작품, 제품을 뜻합니다. 만드는 이와 만들어지는 것이 동일하죠. 하지만 디자인(design)은 제품의 설계, 미관적 완성으로 만드는 이와 만들어지는 것이 꼭 동일할 필요는 없습니다. 디자인에 대비해 보니 공예에 대한 이미지가 조금 더 구체적으로 느껴지시나요? 물론 챕터원에서는 공예적이고 디자인적인 제품을 모두 만날 수 있습니다. 하지만 그중에서 공예 작가와 협업해 만드는 작품들이 챕터원만의 분위기를 만들어 주는 것이죠.

서초구 잠원동에 위치한 챕터원에디트 내부 모습 | 직접 촬영

공간 전략 1: 이미지를 지우다

챕터원 구병준 대표는 미국 브루클린 여행 중 과거 가로수길의 초기 모습을 발견했고 미국에서 리빙과 라이프 스타일 영역이 구축되는 모습을 보고 한국으로 들어와 챕터원을 만들었습니다. 약 10년 전부터 현시점까지 챕터원과 유사한 편집 숍이라는 개념이 통하며 대중화되기 시작했습니다. 이제 더 이상 의류, 신발, 가구 각각 카테고리의 제품을 판매하기보다 라이프 스타일에 맞게 다양한 제품군을 한자리에서 보여 주는 것이 일반화되었는데요. 그러한 편집 숍의 선두에 있는 브랜드가 챕터원이기도 합니다. 오랜 세월 동안 편집 숍으로서 챕터원이 살아남은 비결은 무엇일까요?

바로 콘텐츠적 차원과 공간적 차원이 있습니다. 첫 번째 콘텐츠적 차원은 'No Image(이미지 없음)'입니다. 챕터원 하면 공예가 떠오르기도 하지만 고가의 가구가 생각나기도 합니다. 그리고 작가의 전시, 작품 등이 떠오르기도 하죠. 다양합니다. 브랜드는 이미지로 먹고사는 게 아니냐고요? 스타벅스는 초록색 로고가, 페라리는 달리는 말이 인상적인 것 아니냐고요? 맞는 이야기입니다. 제품을 만들고 생산, 유통하는 브랜드라면 그 제품을 떠올렸을 때 머릿속에 연상되는 이미지가 중요합니다. 과거 소비자들이 코카콜라와 펩시콜라를 마시는 동안 뇌 연구자들이 그들의 뇌를 들여다본 결과가 이를 증명합니다. 블라인드 테스트, 즉 어떤 브랜드 콜라를 마시는지 모르는 상태로 진행한 한 테스트에서 펩시콜라와 코카콜라는 모두 뇌의 같은 영역을 활성화시켰습니다. 그런데 두 브랜드의 상표를 보여 주자 뇌 스캐너의 이미지는 급변했는데요. 코카콜라를 마셨을 때는 중뇌와 대뇌의 영역(정서 및 기억을 담당하는)이 활성화되었지만 펩시콜라의 경우는 그렇지 않은 것입니다. 이런 실험에서 알 수 있듯 브랜드의 이미지가 소비자들에게 중요하다는 것은 브랜드를 운영하는 대표부터 직원의 자녀까지도 아는 사실이 되었습니다.

하지만 챕터원은 모두가 사람들의 머릿속에 기억될 이미지를 고민할 때 오히려 이미지를 지울 방법을 모색했습니다. 그 이유는 바로 '편집 숍'이기 때문입니다. 편집 숍은 말 그대로 여러 가지 제품을 큐레이션해 소개하는 플랫폼입니다. 국내에 잘 소개되지 않았던 외국 제품을 모아서 소비자들에게 새로운 자극을 제공하거나 잘 알려지지 않은 숨은 제품을 발굴해 보여 주기도 합니다. 편집 숍에 배치되는 제품이 자주 바뀌게 되고 제품이 바뀌면 공간의 분위기 또한 새로울 수 있게 됩니다. 즉, 변화무쌍한 트렌드에 가장 민감하고 발 빠르게 대응해야 된다는 이야기입니다. 그렇기 때문에 'No Image'가 중요한 것입니다. 특정 이미지에 국한되는 것이 아니라 편집 숍 그 자체에 주목한다면 다양한 색을 담을 수 있어야 하는 법입니다. 어릴 적 수채화를 배울 때, 처음 초록색을 사용하고 그다음 노란색을 사용하면 물감 색에 따라 수통에 담아 둔 물의 색깔이 다채롭게 바뀌었습니다. 그러다가 그림이 완성될 때쯤이면 어둡게 변해 있었는데요. 다시 새로운 그림을 그리려면 깨끗한 물이 필요했습니다. 편집 숍도 물통 속 물이 투명할수록 소개하는 제품에 따라 공간과 브랜드의 색이 다채롭게 바뀔 수 있다고 생각합니다. 그렇기 때문에 특정 이미지로 각인되어 버리면 다른 제품을 소개할 때 유연성이 떨어져 소화력이 낮아지게 되는 것이죠. 특히 서울처럼 트렌드에 민감한 곳이라면 더 중요합니다. 몇 달만 지나도 새로운 제품이 트렌드가 되는 곳에서 하나의 제품을 꾸준히 소개하는 것도 중요하지만 트렌드에 맞춰서 다양한 제품을 보여주는 것도 브랜드 전체 이미지의 다양성에 있어서 중요한 포인트가 되기 때문입니다.

공간 전략 2: 입구를 숨기다

두 번째 공간적 차원의 특징은 'Hidden Place(숨은 장소)'입니다. 챕터원의 주요 매장을 살펴보면 브랜드가 지향하는 공간적 요소를 발견할 수 있는데요. 이 브랜드가 추구하는 공간적 특징은 '대중과의 거리'입니다. 많은 사람들이 매장을 방문하고 SNS에 기재되고 소비되는 것도 브랜드를 알리는 데 큰 도움이 되지만 오히려 숨어 있을수록, 소비가 덜 될수록 브랜드의 지속성에 도움이 될 수 있다는 것입니다. 서울 잠원동에 위치한 챕터원에디트 매장을 방문해 보면 어떤 의미인지 명확하게 알 수 있습니다. 챕터원에디트는 신사역에서 도보로 5분 거리인 역세권에 위치해 있는데요. 흔히 우리가 아는 신사역 인근 가로수길과는 정반대에 위치해, 길을 걷다가 쉽게 알아보기에는 다소 어려운 위치에 자리 잡고 있습니다. 또 이곳에 처음 방문하면 당황스러울 수 있는 점이 있습니다. 바로 입구를 찾기 어렵다는 것입니다. 챕

챕터원에디트의 기존 입구를 없앤 디자인 | 직접 촬영

챕터원에디트의 중정 | 직접 촬영

터원은 1층 대로변과 접하고 있는 입구를 과감하게 없앴습니다. 대신 옆의 샛길을 이용해 건물의 뒤쪽 입구로 들어오게 안내합니다. 그러면 2개의 건물을 사이로 둔 중정[*]을 마주하게 됩니다. 바로 챕터원의 숨겨진 보물과도 같은 장소입니다.

이곳은 1개의 필지 위에 2개의 건물이 지어진 형태로 2개의 건물 주

* 중정은 ㄷ 자 혹은 ㅁ 자 형태의 건축물 중앙에 위치한 마당을 뜻합니다.

소가 같습니다. 음악 연주의 경우 첫 인트로에 드럼, 베이스, 피아노, 보컬 등 모든 요소들이 한꺼번에 들어가면, 후반부까지 듣는 사람의 집중을 이끌기 위해서는 더 많은 연주와 노력이 필요합니다. 즉, 처음에는 한두 가지 악기 정도로 연주를 해야 후반부 구성의 클라이맥스 때 신명 나는 드럼과 기타, 그리고 고음의 보컬로 듣는 사람의 귀를 황홀하게 만들 수 있죠. 건물의 공간도 음악의 구조와 동일합니다. 챕터원에디트 매장 방문객은 철제 형태, 콘크리트의 어둡고 무거운 느낌의 입구에서 큰 기대감을 갖지 않다가 옆의 좁고 긴 동선을 따라 걸으면서 틈틈이 보이는 나무, 조경으로 기대감이 높아집니다. 그리고 2개의 건물이 만든 자연스러운 중정으로 새로운 공간감을 느끼게 됩니다. 그리고 챕터원에디트 매장에 들어서면 고풍스러운 공예 제품과 눈을 즐겁게 하는 가구들로 클라이맥스를 맞이하게 되는 것이죠. 중정이라고 하면 전통 한옥의 중앙에 위치한 중정이나 로마의 성 베드로 대성당의 아트리움 형태의 중정 혹은 현대적으로 풀이한 아모레퍼시픽 건물의 중정 등을 예로 들 수 있습니다. 이렇게 체계적으로 계획되어 완성도 높은 하나의 건축물 내 위치한 중정이 본래 그 의미와 기능을 잘 전달한다면, 자연 발생적으로 생겨난 중정은 또 다른 분위기를 느끼게 해 줍니다.

건물 사이의 여백, 쉼터

토지 위에 건물을 지을 때 건폐율이라는 개념을 적용합니다. 건폐율은 대지 면적에 대한 건축 면적의 비율을 뜻합니다. 만약 건폐율이 50%라면 100평의 토지에 50평의 바닥 면적을 가진 건축물을 지을 수 있다는 뜻이죠. 따라서 하나의 토지 면적 위에 건물을 가득 채워서 지을 수 없다는 것입니다. 또한 건축물을 건축하는 경우에는 '국토의 계획 및 이용에 관한 법률'에 따른 용도지역·용도지구, 건축물의 용도 및 규모 등에 따라 건축선 및 인접 대지경계선으로부터 6*m* 이내의 범위에서 대통령령으로 정하는 바에 따라 해당 지방 자치 단체의 조례로 정하는 거리 이상을 띄워야 합니다.

이러한 법적 규제로 인해 건물과 건물 사이에는 자연스럽게 간격이 생기고 공지가 발생하게 됩니다. 보통의 경우 가능한 넓은 대지를 사용하기 위해 건물 사이의 간격을 좁히려고 애쓰기도 하죠. 그런 욕심

페일리 공원 | 출처: wiki commons (© Rhododendrites)

으로 인해 옆 건물의 실내가 보이는 프라이버시 침해 사태가 벌어지기도 합니다. 하지만 적절한 건물 간격은 또 다른 쉼터를 제공하는 역할을 하죠.

뉴욕 맨해튼에 위치한 페일리 공원(Paley Park)은 건물 사이에 공원을 만든 사례입니다. 390m^2 크기의 공원은 인도 레벨에서 네 계단 올라가 있고 양측으로 휠체어가 들어갈 수 있게 만들었습니다. 인공 폭포와 담쟁이덩굴은 도심 속에 있다는 사실을 잠깐 잊게 해 주기 충분합니다. 빌딩 숲속에 자리한 작은 공원은 일상에서 만날 수 있는 또 다른 쾌적한 즐거움이지 않을까 싶습니다. 이와 비슷하게 챕터원에디트의 중정 공간도 날씨가 좋은 날에는 테이블과 의자를 두고 식사나 커피를 즐길 수 있기도 합니다. 녹음이 햇빛을 가려 주고 기분 좋은 바람을 즐길 수 있는 도심 속 작은 공원이 되는 것이죠. 발상의 전환으로 건물 간의 간격을 비우고 대신 공간의 분위기를 채운다면 사람들에게 휴식을 선물하는 장소로 만들 수 있습니다. 설령 브랜드의 매장이 외진 곳이나 눈에 덜 띄는 곳에 위치해 있더라도 이런 즐거운 공간을 갖추고 있다면 얼마든지 방문할 의사가 생기는 것이죠.

오래된 여관의 재탄생

챕터원에디트가 자리 잡은 건물은 본래 신사장이라는 여관으로 40여 년 동안 사용되고 있었습니다. 오랜 세월 사람들의 눈에 크게 띄지 않았던 건물을 2014년경 크리에이터 그룹 리어에서 신사장이라는 이름을 그대로 살린 복합 문화 공간을 만들었습니다. 살롱, 스테이지, 스튜디오로 층별 구성해 하나의 공간에서 다양한 경험을 할 수 있게 만든 장소였는데요. 최근에는 이러한 개념이 보편화되었지만 10년 전만 해도 굉장히 새로운 콘셉트의 공간이기도 했습니다. 다양한 분야에 종사하던 사람들이 프로젝트성으로 문화, 예술, 정치 등 다양한 주제로 전시 및 강연 등을 기획했죠. 그렇게 새로운 도전을 펼쳤던 장소를 챕터원에디트가 사용하면서 라이프 스타일 편집 숍의 성지로 만들었습니다. 1층은 파운드로컬이라는 자체 운영 레스토랑으로, 2층부터는 챕터원 제품을 경험할 수 있는 쇼룸 및 전시 공간을 운영하고 있습니다. 그리고 가운데 중정을 지나쳐 뒤쪽 주택 건물을 사무실로 사용하고 있죠. 사실 해당 건물을 갖고 있는 건물주의 입장에선 굉장히 고마운 임차인이 아닐 수가 없습니다. 여관으로 사용되던 건물을 아주 세련되고 멋진 장소로 바꿔 주었고 그만큼 건물의 가치 또한 상승시켜 준 셈이기 때문이죠.

챕터원에디트는 사람들의 발길이 잘 닿지 않는 신사역 인근의 여관 건물을 되살린 브랜드입니다. 설령 인근이 핫플레이스가 되지 않더라도 이곳을 방문하고 싶게 만드는 브랜드 공간의 힘이 있는 장소이기도 합니다. 그 근간에는 대로변에 접해 있는 건물과 안쪽 골목에 자리 잡은 주택 건물이 만들어 낸 내부의 공터를 마치 의도를 갖고 건축한 중정처럼 활용한 점이 주요했습니다. 고객 동선을 자연스럽게 중정으로 끌어들여 와 고객의 시선을 내부에서 펼쳐지게 만들었습니다. 그리고 건물 내부에 층별로 다르게 구성된 조닝(zoning, 용도별 구역 분류)과 바닥의 재질은 공간 속 흥미와 긴장감을 유지하는 주요 요인 중 하나이기도 합니다. 주요 상권과 떨어져 있더라도 이처럼 훌륭한 브랜드와 공간을 구성할 수 있는 기획력이 뒷받침된다면, 어떤 장소라도 다시 태어날 수 있게 만들 수 있는 법입니다. 이때 필요한 것은 숨어 있는 장소에서 가능성을 발견할 수 있는 관심뿐입니다.

브랜드 인터뷰

챕터원 구병준 대표

Q1. 1호점인 잠원점의 매장은 어떻게 발견했는지?

오피스를 사용하기 위해 찾다 보니 발견했습니다. 원래 잠원 매장은 오래된 여관 건물로 도로변 4층 메인 건물과 뒤편 아담한 2층 양옥집으로 구성되어 있었습니다. 저희는 2015년에 양옥집 2층을 임대해 개인 오피스로 사용했습니다. 당시 전면의 큰 건물이 복합 문화 공간으로 쓰이고 있었고 전시, 토크, 팝업의 형태로 외주를 맡겨 진행하는 운영 구조로 뒤편 양옥 1층도 해당 운영사에서 사용하고 있었습니다.

Q2. 이 공간을 어떻게 브랜딩했는지?

당시 신사장이라는 복합 문화 공간으로 운영되고 있었는데 전시 기간을 제외하면 사람들의 교류가 없는 소위 죽은 공간이라고 느껴졌습니다. 이 건물 전체를 임차하고 리뉴얼하면서 가장 중점에 둔 것은 항상 사람들이 드나드는 곳을 만들고 싶었고, 약간의 비밀스러운 공간을 기획하고 싶었습니다. 이를 위해 전면의 대형 유리 2개와 메인 입구를 과감하게 벽돌로 막아 버리고 내부 가든을 통과해서 뒷문으로 들어가는 구조를 만들었습니다.

전체 공간은 무릉도원이라는 콘셉트로 꾸몄습니다. 자연의 느낌을 잘 표현할 수 있는 컬러 선정과 질감을 살려 거친 황토방이라 불리는 이미지를 표현하기 위해 노력했죠. 건물이 가진 노화된 이미지를 최대한 잘 가려서 현대식의 이미지를 보여 주고자 했고, 따듯한 느낌의 바닥재와 나무를 잘 살려 무릉도원이라는 콘셉트와 잘 어울리게 상품군까지 구성했습니다.

Q3. 잠원 매장에 특별히 신경 쓴 부분은?

앞서 말씀드린 진입로를 과감히 바꾼 것이며, 레스토랑을 지나야 매장으로 들어가는 구조입니다. 나갈 때만 열리는 도로를 향하는 마법의 문도 존재합니다. 소방법에 의한 비상구의 역할이지만 주어진 한계에서 똑똑하게 잘 해결했다고 생각합니다.

Q4. 1호점이 지금의 브랜드를 만드는 데 어떤 역할을 했는지?

지금의 챕터원은 규정되거나 정체된 브랜드가 아닌 유동적인 브랜드라 생각합니다. 시간이 지나고 세대가 바뀌면 공간의 성격도 바뀔 수 있어야 하고 소매점의 특성상 아이템과 콘텐츠에 따라 필요한 요소들이 있습니다. 이런 부분을 충족시키기 위해 3년에 한 번씩 새로운 공간에서 앞으로의 5년을 보여 주는 방식을 택했습니다. 2018년 잠원동의 챕터원에디트가 3번째 매장이고 2020년 한남동의 챕터원한남이 4번째 매장이 되었습니다. 사람도 나이가 먹듯이 브랜드도 나이가 먹으면 진화를 해야 한다고 생각합니다. 1호점은 그 진화의 시작이었죠.

Q5. 미래의 브랜드 대표에게 해 주고 싶은 이야기는?

유행의 속도는 더 빨라지고 있고 우리는 비주얼 홍수의 시대에 살며 소비하고 있습니다. 공간이 주는 안정감과 편안함도 좋지만 정기적으로 동선과 콘텐츠를 바꿔 주는 것이 필요하다고 생각합니다. 또 소비자는 물건의 아름다움을 중요하게 생각하지만, 결국 신뢰감으로 물건을 소비합니다. 공간의 편안함 그리고 구성된 직원의 친밀도가 결국 그 공간을 따뜻하게 이야기하는 것이 아닐까 합니다.

TIP BOX

브랜드와 부동산의 상관관계

챕터원 잠원점

중심 상권과 떨어져 있는 부동산적 특성을 십분 활용해 프라이빗한 브랜드 이미지를 구축했습니다. 고객 동선을 중정으로 끌어들이고 층별 구성을 다르게 하는 등 내부 공간에 개성을 부여해 찾아오고 싶게 만드는 장소가 되었습니다.

지도 속 A는 챕터원 잠원점을 표기한 것이다. 1~4까지는 챕터원 인근 건물의 거래 사례를 표기한 것이다. 사례 기준은 챕터원 잠원점이 입점한 이후 사례를 우선으로 인근에 위치해 있으면서 브랜드가 입점된 건물과 유사한 건물 면적이나 토지 면적 기준으로 선정했다. 모든 입지가 같을 수 없으므로 시기적으로 연면적 평당, 토지 평당 가격이 연도별·위치별로 어떻게 달라졌는지 보기 위한 데이터이다.

- 출처: 자체 조사, 네이버부동산, Disco, 밸류맵, 서울시 상권분석서비스 | 단위: 만 원
- 위 지도에서 각 부동산 면적의 크기는 위치 비교를 위해 실제보다 크게 표기했다.

찾아오게 만든 뒤

GPS와 내비게이션이 일상 속 필수품이 된 지금, 장소가 갖는 불편함은 그렇게 큰 문제가 되지 않습니다. 산꼭대기에 있다면 이야기가 달라질 순 있지만 대중교통으로의 접근이 적당히 용이하고, 주차 공간이 확보되어 있다면 통상적으로 일컫는 상권에서 조금 거리가 있더라도 혹은 반지하에 위치해 있더라도 사람들은 충분히 방문할 의사가 있습니다. 여기서 중요한 점은 두 가지입니다. 첫 번째, 소비자가 얼마나 방문하고 싶게 만드는 콘텐츠인가? 두 번째, 콘텐츠 기획자나 브랜드를 운영하는(또는 운영할) 사람이 탐낼 만한 부동산인가?

좋은 기획자라면 어떤 장소에서도 사람들의 이목을 집중시킬 수 있지만 최소한의 공간 혹은 특징적인 공간이어야 한다는 것은 변함없는 법이죠. 브랜드를 운영하는 사람들의 시작은, 본문 1부에서 소개한 브랜드처럼 협소한 매장인 경우가 많습니다. 그리고 점점 팬심을 이끌어 내어 사람들의 발길을 모으고 2부에서 소개한 브랜드처럼 보다 넓은 매장이지만 위치적으로는 숨어 있는 공간으로 확장을 하게 되죠. 그러고 나서 보다 성장한 브랜드가 원하는 공간이 바로 '집의 재구성'입니다. 단독주택이나 다세대·다가구 주택 등 주거 형태의 건물을 리모델링, 보수해 새로운 공간으로 탄생시키는 것이죠. 우리가 집에서 느끼는 안정감과 포근함이라는 장점을 브랜드의 매장이자 쇼룸 공간에 적용하는 것입니다. 다음 부에서는 집을 새롭게 재구성한 브랜드의 부동산을 살펴보겠습니다.

HOUSE

3부

주거 부동산을 살린 브랜드

한옥에서
오토바이 타기

흔들리지 않는 편안함, 집

영화 〈리틀 포레스트〉(2018, 한국판)은 주인공인 혜원이 도시의 삶에 지쳐 고향으로 내려가 사계절의 자연 속에서 직접 음식을 만들어 먹으며 오랜 친구인 재하, 은숙과 즐거운 시간을 보내는 힐링 영화입니다. 시골의 고향집이라는 장소가 주는 푸근함과 사시사철 바뀌는 자연의 풍경이 화면에 그대로 녹아들어 관람객들로 하여금 편안한 미소를 머금게 만들어 줍니다. 특히, 혜원이 잘 정돈된 한옥 집에서 다양한 음식을 만들고, 혼자 또는 친구들과 함께 먹으며 기쁨과 슬픔을 나누는 모습이 인상적입니다. 고향의 한옥 집이라는 장소는 화려하지 않아도 편안하고, 혼자 있든 누군가와 함께 있든 포근한 곳입니다. 혜원의 한옥 집은 뜨거운 여름에는 햇빛을 가려 주는 시원한 그늘이 되고, 눈이 소복이 쌓이는 겨울이면 따뜻한 안식처가 됩니다. 시골의 고향집처럼 오래된 기와가 눈과 비바람을 막아 주고 학의 날개처럼 뻗어 있는 서까래는 집에 들어오는 이를 감싸안아 주는 듯합니다. 이처럼 오래된 집이 주는 원초적인 편안함이 있습니다.

집이라는 장소의 가장 큰 특성은 편안함입니다. 하루의 일과를 마치고 들어와 자세 따위는 신경 쓰지 않고 편안히 쉴 수 있는 장소입니다. 또한 구조적으로도 거실, 부엌, 방이라는 집에 특화된 공간은 각기 영역을 나누기 때문에 상업 목적의 공간과는 차별성을 갖게 됩니다. 집에 들어서면 먼저 맞이하는 현관은 진입하는 인도 레벨과 동일하지만 내부로 들어가기 위해서는 하나의 단을 넘어야 합니다. 본래 외부와 집을 구분 짓는 우리 문화 특성상 신발을 몸에서 탈피하는 것에서부터 공간을 느끼는 기분이 달라지게 되는 것이죠. 그리고 맞이하게 되는 거실은 가족이 모이는 집결지로 집의 공간 중 가장 큰 볼륨을 차지합니다. 가장 평등하고 보편화된 거실이라는 공간에서 그 집의 특성이 가장 잘 드러나기도 합니다. 그 후에 부엌과 방으로 나뉘는 구조 및 동선은 집이라는 공간에서 자고 먹고 여가 활동을 보낼 수 있는 방법을 물리적으로 표현한 것이기도 합니다. 이렇듯 집이 갖는 정서적 편안함은 물론 물리적 편안함이 있기 때문에 집을 공간적으로 다르게 사용했을 때 그 효과가 더 극적으로 표현될 수 있습니다.

데우스엑스마키나 삼청점 매장 입구 | 직접 촬영

오토바이를 타고 한옥 집에 간다면?

삼청동에 위치한 데우스엑스마키나 매장에 가면 오토바이와 한옥 집을 함께 만날 수 있습니다. 이곳이 어떤 브랜드인지 알아보기 전에, 데우스엑스마키나(DEUS EX MACHINA)의 뜻을 먼저 풀어 보겠습니다. 라틴어로 기계에 의한 신(神), 또는 신의 기계적 출현이라는 의미이고, 영어로 풀어 쓰면 God From the Machine입니다. 문학 작품에서 결말을 짓거나 갈등을 풀기 위해 등장시키는 플롯 장치를 뜻하는데요. 과거 고대 그리스 연극에서는 인간의 생활 패턴에 맞춰 이야기가 진행되었습니다. 그 과정에서 발단, 전개, 위기, 절정 순서의 흐름이 반영되었죠. 그러다가 이야기 서사에서 중요한 시점에 '신'을 등장시키기 위해 거중기 같은 기계에 사람을 매달아서 극 중 극적 요소를 가미했는데, 그때 사용되는 용어가 데우스엑스마키나입니다. 일명 데우스라 불리는 브랜드 데우스엑스마키나는 이 뜻을 어떻게 브랜드에 적용했을까요? 이 브랜드는 본인 스스로를 브랜드라기보다 '문화'라고 말합니다. 바로 판매 목적으로 발생된 기계가 아닌 사람들이 즐겨 사용하는 문화의 일종인 오토바이, 서핑, 음악을 일컫는 것이죠. 데우스는 2006년, 당시 62세의 데어 제닝스에 의해 호주 시드니에서 탄생한 브랜드입니다.

1970년대 바이크를 사랑한 평범한 직장인이었던 데어 제닝스는 베트남 전쟁 등을 겪으며 정치, 사회에 불만을 갖고 '나를 행복하게 하는 것'을 고민하게 됩니다. 그렇게 탄생한 것이 1984년의 맘보그래픽스라는 회사입니다. 맘보그래픽스는 바이크, 서핑, 음악에서 영감을 받아 만든 티셔츠로 큰 사랑을 받게 되는데요. 2000년 시드니 올림픽 호주 대표단 입장 세리머니의 티셔츠 제작으로도 명성을 날립니다. 제닝스는 이후 맘보그래픽스를 매각하고 2006년에 데우스엑스마키나를 만들게 됩니다.

그렇게 탄생한 데우스는 바이크, 서핑, 음악과 관련된 커스텀 제품 판매는 물론이고 바이크와 서핑 그리고 비주류 음악을 사랑하는 사람들을 위한 이벤트를 개최하고 그들이 원하는 곳에 매장을 오픈합니다. 2000년대 초만 해도 이런 매장에서 식음료를 판매하는 건 생소했죠. 하지만 그 시작점을 생각해 보면 당연한 결과였습니다. 바로 이용객의 관점에서 생각했기 때문입니다. 데어 제닝스는 이렇게 질문하지 않았을까요? '바이커가 이용하는 매장에는 무엇이 필요할까?' '바이크를 타고 들를 수 있는 최고의 휴식처는 어떤 모습일까?' 그런 진심이 통했기 때문에 데우스는 하나의 브랜드라기보다 바이크, 서핑, 음악을 사랑하는 사람들에게 하나의 문화가 되었습니다.

모델 하우스? 모델 스페이스!

데우스의 국내 두 번째 매장이 삼청동 끝자락에 생겼습니다(첫 매장은 홍대점입니다). 오래된 한옥 주택을 개조한 공간입니다. 2000년도부터 노부부가 일반 가정집으로 사용하던, 흔히 볼 수 있는 한옥이었습니다. 삼청동 끝자락에 위치하고 있으면서 오랜 세월 집으로 사용되던, 사람들 눈에 잘 띄는 장소는 아니었습니다. 너무나도 평범한 주

삼청동의 고즈넉한 분위기와 어우러지는 데우스엑스마키나 매장 전경 | 직접 촬영

택으로 그 역할을 마무리하게 되었을 수도 있는 곳에 데우스 매장이 생기게 되었습니다.
공간을 디렉팅한 건축가는 이탈리아의 안드레아 카푸토라는 건축가 그룹입니다. 안드레아 카푸토는 미국의 의류 브랜드 칼하트의 전 세계 매장 설계 디자인을 담당하기도 한, 패션 브랜드의 쇼룸에 대한 이해도가 높은 그룹입니다. 데우스 홍대점을 디자인하기도 했고, 압구정에 위치한 편집 숍 웍스아웃 매장 또한 안드레아 카푸토 그룹에서 진행한 프로젝트입니다. 데우스 국내 유통을 웍스아웃에서 맡고 있기 때문에 같은 디자인, 건축 그룹에서 공간 디자인을 한 것입니다.

지금의 데우스 삼청점 매장을 방문하면, 데우스 같은 글로벌 브랜드가 리모델링해 사용하고 있기 때문에 '원래부터 멋진 건물이었던 거 아니야?' 하고 생각할 수 있습니다. 그런데 데우스가 이곳에 입점하게 된 결정적인 원인은 따로 있었습니다. 바로 네마커피라는 커피 브랜드입니다. 현재 데우스가 사용하는 한옥 건물을 새롭게 매수한 임대인이 현재의 네마커피 관계자와 합심해 오래된 한옥에 일부 공간을 카페로 만들었습니다. 사실상 오래된 한옥을 그대로 사용하면서 차고와 유사한 공간 일부만을 보수해 3평 남짓한 커피 공간을 마련한 것이죠. 삼청동 끝자락에 위치하면서 오래된 주택의 흔적은 고스란히 갖고 있던 한옥이었고 기존 집의 형태를 온전히 보존한 상태의 공간이었습니다. 그곳에 작은 카페 매장이 생기니 이색적인 조합이었습니다. 보통의 카페 매장은 소위 '카페 인테리어'가 있는 법인데 이곳은

데우스엑스마키나 삼청점 내부 모습 | 직접 촬영

주거 시설에 카페가 얹혀 있는 느낌이었습니다. 하지만 색다른 조합으로 사람들의 관심을 끌게 됩니다. 오래된 한옥에 있는 카페라는 내용으로 SNS에서 입소문이 났고 먼 곳에 위치해 있음에도 불구하고 오픈 몇 달 동안 꾸준히 많은 사람들이 방문하기에 이릅니다. 그렇게 빠르게 유명세를 타기 시작했고 지금의 데우스 매장이 들어서게 된 것이죠.

일반적으로 건물주가 건물 매입을 하는 과정부터 임차인을 구하는 과정은 이렇습니다. 부동산을 열심히 알아본다 → 마음에 드는 건물을 매입한다 → 리모델링 혹은 신축할 계획이라면 임차인 명도를 진행한다 → 건물의 공사 이후, 새로운 임차인을 구한다. 이때 임차인을 구하기 위해서 해당 부동산 인근에 있는 부동산 중개사에 문의합니다. 그 과정에서 부동산의 역할에 따라 어떤 임차인이 들어올지 정해

과거 삼청동 데우스 매장을 사용했던 카페의 외관 | 출처: 네마커피

지는 것이죠. 하지만 앞의 사례처럼 작지만 일부 공간에 카페를 운영한다면 이야기가 달라집니다. 정식적으로 매장 공사를 진행해 운영하는 것이 아니라 오래된 한옥 집에 잠깐 생긴 카페는 일종의 '모델 하우스' 역할을 하게 됩니다. 아파트를 짓기 전 미래의 모습과 서비스를 간접적으로 느낄 수 있는 모델 하우스처럼, 건물의 리모델링 전 맛보기 모델 스페이스(space, 공간)로 사람들의 관심을 이끄는 것이죠. 이렇듯 작은 부동산일지라도 일부 공간을 공사해 네마커피처럼 공간을 효율적으로 운영하고 홍보할 수 있는 브랜드가 잠깐이라도 영업한다면, 추후 전체 공간 홍보에 큰 도움이 될 것입니다. 이때, 모델 하우스는 건물주를 대신해서 분양을 주선하는 별도의 회사입니다. 일종의 마케팅 회사인 셈이지요.

그렇다면 여러분이 브랜드를 운영하는 대표라면 어떻게 접근하면 좋을까요? 바로 모델 스페이스를 제공하는 마케팅 회사가 되어야 합니다. 건물주들의 고민은 모두 비슷합니다. 건물을 신축하거나 리모델링을 하고 나서, 본인이 직접 사용하지 않는다면 누군가가 임차인으로 들어와서 임대료를 지불해 줘야 합니다. 아무리 건물주라도 비어 있는 건물만 갖고 있으면 건물을 매입할 때 대출한 은행 이자만 까먹게 되겠죠. 이때, 건물을 다 짓고 나자마자 누군가가 들어와서 운영해 준다면 어떨까요? 건물주 입장에서 두 팔 벌려 환영하지 않을까요? 즉, 건물주의 가려운 부분을 긁어 줄 수 있는 모델 스페이스를 제공할 수 있는 콘텐츠를 갖고 있다면, 전국 어디에서든지 자신의 브랜드를 테스트 운영해 볼 수 있는 것입니다. 심지어 건물의 사용 승인이 막 이루어진 곳이라면, 공실인 경우가 많기 때문에 임대료 등의 조건 협의가 더욱 수월할 수 있겠죠.

이와 유사한 과정을 통해 데우스 매장 이전에 네마커피가 한옥에서 운영을 하게 되었고, 입소문이 난 해당 한옥은 데우스라는 유명 브랜드의 눈에 띄어 쇼룸으로 사용하게 되었습니다. 심지어 과거의 모습은 찾아볼 수 없을 정도로 세련되고 트렌디한 공간으로 탈바꿈했죠. 북악산 일대를 라이딩하면서 데우스 매장에 들러 맛있는 커피를 마시며 바이크 문화에 대해 이야기하는 장소로 자리 잡게 되었습니다. 오토바이를 타고 한옥에 간다는 것은 위스키에 김치전을 안주로 먹는 것과 비슷합니다(생각보다 잘 어울립니다). 한옥이라는 주거 형태가 갖는 고전적인 아름다움과 이를 현대적으로 해석시킨 공간의 인테리어는 섞이지 않을 것 같아 보였던 위스키와 김치전이, 환상의 궁합을 자랑하는 영혼의 단짝임을 보여 주었죠. 삼청동 데우스 매장이 더욱 특별한 이유는 현대의 문화와 과거 한옥의 조화임과 동시에 이를 가능하게 만든 건물주와 네마커피의 모델 스페이스 시도가 있었기 때문입니다.

부동산 중개인들이 공간을 보여 줄 때 비 오거나 흐린 날보다 맑은 날을 선호할 때가 많다고 합니다. 심지어 좋은 향이 나도록 공간에 방향제나 디퓨저를 가져다 놓기도 하죠. 사람은 감각적인 자극에 쉽게 영향을 받습니다. 아무리 근사한 한옥일지라도 그 쓰임새가 어떻게 될 수 있는지 시각적으로 직접 보여 주는 것과, 상상에 맡기는 것과는 큰 차이가 있습니다. 한옥이라는 아름다운 공간을 네마커피가 감각적으로 사용하여 그 활용성을 두 눈으로 볼 수 있게 만들어 주는 것과, 사람 없이 텅 빈 한옥을 보여 주는 것과는 큰 차이가 있습니다. 결국 '시각적인 자극'이 부동산에도 필요한 법입니다. 여러분의 콘텐츠가 충분히 자극적이라면, 지금 당장 주변 부동산을 찾아가세요. 그리고 모델 스페이스를 제안해 보시길 바랍니다. 그때, 여러분의 브랜드와 그 부동산은 더욱 가치를 인정받을 수 있게 될 것입니다.

단짠단짠, 그리고 섞어라

개인적으로 타로 밀크티에 밀크폼 추가는 인생 단짠단짠(단맛과 짠맛이 번갈아 나는 맛, 또는 그런 음식)이라고 생각합니다. 밀크티의 달달함에 밀크폼에 묻은 짭쪼름함은 환상적인 조화죠. 단짠단짠이 매력적인 이유는 바로 정반대의 맛을 하나로 느꼈을 때 느끼는 신선함 때문입니다. 서로 다른 두 가지를 섞을 때 더 새로운 신선함이 나오곤 합니다. 공간에서 전통적인 것과 현대적인 것을 일명 믹스한다면 단연코 한옥이 가장 좋은 재료일 것입니다. 데우스가 한옥을 선택한 것도 현대성과 전통성의 조화를 믹스할 수 있었기 때문이 아니었을까요? 한옥은 그 섞임의 기반이 될 수 있는 전통성을 가장 잘 보유하고 있는 재료이기 때문에 그 효과 또한 극적으로 나타날 수 있었던 것이죠. 데우스 삼청점은 전통적인 한옥과 현대적인 오토바이라는 상극의 요소를 잘 섞었습니다. 그리고 모델 스페이스 개념으로 죽어 있던 공간을 활발하게 사용해 마케팅적 요소 또한 함께 섞었습니다. 잘 섞었기 때문에 많은 사람들이 찾는 근사한 공간이 탄생한 것입니다.

TIP BOX

브랜드와 부동산의 상관관계

데우스엑스마키나 삼청점

모델 스페이스를 적용해 알려지지 않은 부동산이 노출되었고, 데우스 브랜드의 눈에 띌 수 있었습니다. 거칠고 남성적인 이미지의 브랜드와 단정한 한옥이 서로 어울리지 않을 것 같다는 편견을 깼습니다. 동양적인 한옥이 자리 잡은 부동산을 데우스 브랜드가 사용하면서 브랜드의 아이덴티티가 더 극명하게 드러날 수 있었습니다.

지도 속 A는 데우스엑스마키나 삼청점을 표기한 것이다. 1~4까지는 데우스엑스마키나 인근 건물의 거래 사례를 표기한 것이다. 사례 기준은 데우스엑스마키나가 입점한 이후 사례를 우선으로 인근에 위치해 있으면서 브랜드가 입점된 건물과 유사한 건물 면적이거나 토지 면적을 기준으로 선정했다. 모든 입지가 같을 수 없으므로 시기적으로 연면적 평당, 토지 평당 가격이 연도별·위치별로 어떻게 달라졌는지 보기 위한 데이터이다.

- 출처: 자체 조사, 네이버부동산, Disco, 밸류맵, 서울시 상권분석서비스 | 단위: 만 원
- 위 지도에서 각 부동산 면적의 크기는 위치 비교를 위해 실제보다 크게 표기했다.

한옥과
양옥의 조화

문지방 너머의 여행

어렸을 때 한옥이었던 할머니 댁을 방문하는 날, 저도 모르게 문지방 위에 서 있고는 했습니다. 그때마다 어르신들의 잔소리가 뒤따랐죠. 당시에는 몰랐지만 어른들이 '문지방에 앉지 마라'라고 말하는 데는 다 이유가 있었습니다. 우리 조상님들은 문지방에 대해 이승과 저승의 경계를 구분하는 곳이라고 보았습니다. 즉 신이 오가는 길이라고 생각해서 밟거나 앉기를 꺼린 것이지요. 다행히 한옥을 개조해 재탄생하고 있는 요즘의 공간들은 이런 문지방의 흔적을 찾을 수 없어서 더 이상 혼날 일은 없겠지만요. 특색 있는 한옥 공간으로 손님들의 발길을 끌고 있는 곳이 있습니다. 바로 서울 종로구에 자리한 설화수의 집입니다.

아모레퍼시픽에서 만든 플래그십 스토어 북촌 설화수의 집과 오설록 티하우스(두 매장은 함께 붙어 있습니다)는 전통과 현대의 완벽한 조화가 돋보이는 공간입니다. 1930년대 지어진 한옥과 1960년대 지어진 양옥이 결합된 건물이기 때문이죠. 한옥 뒤에 양옥이 위치해 있으며 한옥에는 설화수의 집이, 양옥에는 오설록 티하우스가 자리 잡았죠. 오래된 한옥의 기와와 들보, 서까래 기둥 등을 최대한 보존하면서 유리로 벽면을 메워 개방성을 강조했습니다. 물론 문지방도 없앴습니다. 과거에 사용한 마감, 조명 등을 보존하려는 디테일이 눈에 띕니다.

건물의 구조를 살리면서 브랜드와 제품을 돋보이게 하는 일은 결코 쉬운 작업이 아닙니다. 자칫 잘못하면 건축물에 제품이 묻혀 버릴 수

북촌 설화수의 집 매장 전경 | 직접 촬영

도 있는 부분이죠. 마치 화려한 포장을 뜯어 보니 보잘것없는 선물이 있는 격이랄까요? 최근 많은 공간들이 소비자들의 관심을 끌기 위해서 자극적인 요소를 남발합니다. 하지만 한옥의 경우, 한옥 자체의 본질적 단아한 특성으로 제품을 돋보이게 하는 힘이 있습니다. 특히 설화수의 집은 기둥을 남겨 두고 양면을 유리로 바꿔 외부에서도 제품에 시선이 닿게 만들었습니다. 눈에 걸리는 장애물을 모두 걷어 낸 것이죠.

대로변에 위치한 설화수 쇼룸과 자연스럽게 이어지는 오설록 티하우스 또한 감탄을 자아냅니다. 설화수의 집이 전시장 같은 공간이었다면 오설록 티하우스는 따뜻한 분위기입니다. 한옥에서 양옥으로 자연스럽게 이어지는 동선은 문지방의 역할을 합니다. 걸어가는 과정에서 시간 여행을 하는 듯한 연출과 뛰어난 조경으로 시선을 사로잡죠. 오설록 티하우스는 아모레퍼시픽의 힘 빼기의 정수이기도 합니다. 이 정도의 노력으로 플래그십 스토어를 만든다면 분명 브랜드에 의한 브랜드를 피력하고 싶었을 텐데 오히려 카페 공간이라는 분위기에 충실합니다. 소비자들은 제품 홍보를 강요받지 않고 편안히 공간을 즐기면서 자연스럽게 설화수과 오설록이라는 브랜드에 녹아들게 됩니다. 설화수의 집을 만들기까지 건축의 원오원아키텍츠, 가구의 김무열 작가, 콘텐츠의 영감의 서재, 비마이게스트 등 내로라하는 업체들의 노력이 있었습니다. 이 모든 곳을 관장한 아모레퍼시픽 팀의 역할이 가장 컸고요.

한옥을 개축하고 양옥과 잇다

지금의 북촌 설화수의 집과 오설록 티하우스를 보면 과거의 모습이 상상되지 않습니다. 먼저 설화수의 집은 라면, 김밥류의 분식과 꼬치, 닭강정, 마카롱 등을 판매하는 음식점으로 이루어져 있었습니다. 또 여러 개의 매장으로 이루어진 가판대 형식도 있었는데요. 경복궁역과 안국역 인근에 위치하다 보니 자연스럽게 길거리를 지나가는 사람들의 눈길을 붙잡기 위해 간단한 식품을 판매하는 매장으로 활용되던 한옥 건물이었습니다. 한옥의 기와는 유지하고 있었으나 대로와 인접한 위치로 인해 노점상의 느낌도 나던 공간이었죠. 설화수의 집은 기존의 와즙 구조 즉, 기와 구조는 보존하면서 내부를 완전히 다른 목적의 공간으로 바꾸었습니다. 건축물대장을 보면 해당 건물을 개축했다는 것을 알 수 있습니다. 개축이란 기존 건축물의 전부 또는 일부를 해체하고 그 대지에 종전과 같은 규모의 범위에서 건축물을 다시 축조하는 것을 말합니다.

오설록 티하우스는 오랜 세월 단독 주택으로 사용되던 곳이었습니다. 대로변에서 주택으로 이어지는 계단은 있었지만, 그 계단이 15개나 있어서 대지와 건물 간의 높이 차가 있었습니다. 그리고 주거 공간이 필요한 사람에 한정된 건물이었습니다. 본 주택은 지하 1층부터 지상 3층 규모의 시설이었는데 2018년에 아모레퍼시픽으로 소유권이 이전되었고, 2021년 증축과 대수선 그리고 용도 변경을 거치게 되었습니다. 그 과정에서 지하 1층과 지상 2층을 일부 증축하고 지상 1층을 일부 철거해 현재의 오설록 티하우스의 모습을 갖추게 되었습니다.

사실 경복궁 인근, 서촌, 북촌 등의 지역은 교통이 불편한 편에 속합니다. 공영 주차장이 드물고 주차장이 있더라도 내가 방문할 매장과 꽤나 거리가 먼 곳에 위치하기도 하죠. 하지만 설화수의 집과 오설록 티하우스는 안국역에서 가까운 곳에 자리 잡고 있습니다. 역에서 도보 10분 남짓한 거리에 대로변에 위치한 점도 좋지만, 동시에 이미 마련된 다양한 카페나 매장들의 덕을 보기도 합니다. 안국역에서부터 설화수의 집과 오설록 티하우스까지 반경 500*m* 안에 20여 개의 카페가 있는데 우리나라의 카페, 디저트 분야를 선도하는 브랜드가 다수라 유동 인구가 많습니다. 안국역 인근의 경우, 사람들이 자주 걷는 길은 계동길과 국립현대미술관 위편의 북촌로5길, 그리고 삼청동 인근인데 설화수의 집은 이곳의 중앙에 위치해 있기도 하죠.

레벨의 차이에 주목하라

단순 임차인으로서 한옥과 양옥을 대대적으로 개보수하여 브랜드의 쇼룸으로 운영하기란 여간 어려운 일이 아닐 것입니다. 자신의 자산이 아닌 건물에 수억에서 수십억 원의 비용을 들여 공사를 한다는 것은, 아파트 전세를 살면서 벽을 헐어 거실과 방을 합치는 것과 별반 다르지 않기 때문이죠. 이곳은 아모레퍼시픽에서 토지 전부를 매입한 후 개발했습니다. 설화수의 집, 오설록 티하우스 모두 합해 지불한 토지 비용만 250억 원이 넘는데, 전체 토지 면적이 413평 정도 되니 토지 평당 약 6천만 원을 지불한 셈입니다. 높은 금액을 지불한 만큼 그에 걸맞은 완벽한 공간적 구성을 보여 주었는데요. 한옥과 양옥을 섞일 수 없는 물과 기름 같은 별개의 영역으로 보지 않고, 두 요소를 섞어 하나의 공간으로 재탄생시켰습니다. 이를 위해 대로변에 위치한 한옥 부지와 뒤쪽에 위치한 양옥 부지를 시간에 걸쳐 매입한 부동산적 인사이트가 굉장히 뛰어났습니다.

특히 접근성의 레벨 차가 공간의 특이성에 더 기여하고 있습니다. 대로변인 북촌로에서 설화수의 집 사이에는 6개 계단이 놓여 있습니다. 매장으로 들어가는 동선 자체가 계단을 통해서 접근이 가능한 것이

한옥의 멋이 흐르는 설화수의 집 내부 | 직접 촬영

죠. 마치 배우가 무대에 올라가는 듯한 분위기입니다. 그리고 매장 내부에서 밖을 바라보면 자연스럽게 무대에서 관객을 보는 듯한 높이 레벨 차가 발생하게 됩니다. 대로변보다 한층 높은 시선에서 내려다보니 그만큼 탁 트인 느낌을 받을 수 있죠.

또한 설화수의 집과 오설록 티하우스 사이의 공간도 높이 레벨 차이가 있습니다. 원래 다른 용도로 사용되던 공간이라 연결성이 없었고 레벨 차도 존재했지만, 이를 연결하기 위해 벽을 허물고 계단을 두어 고조되는 공연의 흐름처럼 공간의 절정을 조성했습니다. 그 과정에서 건물 사이를 허물되 그 흔적을 남기고, 부서진 석재 모서리를 컬러풀하게 메우고 노출된 천장에 대조되는 깔끔한 스피커를 삽입하는 등의 디테일도 놓치지 않았습니다. 전체 공간이 가지는 한옥과 양옥의 조화는 물론 디테일한 면모에서 돋보이는 센스는 이 장소를 방문하는

설화수의 집과 오설록 티하우스를 연결하는 계단(좌), 건물 천장 디테일(우) | 직접 촬영

또 다른 즐거움이기도 합니다.

설화수의 집과 오설록 티하우스는 본래 같은 목적을 갖고 만든 건물이 아니었습니다. 설화수의 집은 오래된 한옥을 여러 음식점들이 함께 사용하고 있었고 오설록 티하우스는 양옥 주택으로 거주민의 소유였죠. 지금이야 엄청난 규모와 공간감에 입을 다물 수 없지만 이전의 과거를 보면 흔히 볼 수 있는 한옥과 오래된 양옥이 다른 필지를 나눠 쓰고 있는 형국이었습니다. 더군다나 각 건물 사이에는 높이 레벨 차가 있어 서로 교류되지 않았죠. 하지만 다른 성격의 두 건물을 차례로 매입해 높이 차를 다른 공간의 경험으로 극복했습니다.

분위기만 가져와도 콘셉트가 된다

한옥은 희소성이 강한 건축물입니다. 통계에 따르면 서울의 주택 수 중 한옥은 1%가 채 되지 않는다고 합니다. 한옥을 지을 때 발생하는 비용은 여타 건축물에 비해서 상대적으로 높은 편입니다. 서까래와 기와는 손으로 얹어야 하는 등 수작업이 많이 필요해 자연스럽게 건축 비용이 높게 산정됩니다. 그렇기 때문에 제대로 된 신축 한옥을 짓는다면 그만큼 높은 비용은 감수해야 되는 것이죠. 따라서 기존에 있던 한옥을 일부 리모델링해 사용하는 방법도 모색하게 되는데요. 전통 한옥의 구조는 구들장, 온돌 방식 등의 특성이 있고 이를 현대적으로 재해석하다 보면 대부분 새로운 구성으로 대체되고는 합니다. 그에 따라 추가적인 공사비가 많이 발생하기도 합니다. 하지만 한옥이 갖는 희소성은 이를 극복하기에 충분하죠.

브랜드의 관점에서도 희소성 있는 오래된 한옥을 리모델링할 경우, 건물이 갖는 전통적 특성이 브랜드에 자연스럽게 스며들게 만들 수 있습니다. 그런데 하나의 온전한 한옥 공간을 찾기 힘들다면 설화수의 집과 오설록 티하우스의 관점을 적용해 보면 어떨까요? 모든 공간이 100% 한옥일 필요가 없다는 뜻입니다. 한옥스러운 요소가 일부 있다면 인접한 필지, 건물 등을 활용해 한옥이 갖는 전통적 특성을 극대화시킬 수도 있습니다. 한옥과 양옥처럼 대비되는 구성이 만나 공간의 매력을 극대화시켰듯, 희소성 있는 한옥 중에서 인근의 건물이나 주택과 함께 연계했을 때 시너지가 날 수 있는 공간 구성이 가능한 곳이 있지 않을까요? 설화수, 오설록처럼 규모가 클 필요도 없으며 단지 공간을 바라보는 넓은 시각이 필요하다고 생각합니다. 만약 공간적으로 구성이 힘들다면 한옥과 대조되는 현대적인 아이템을 배치할 수도 있습니다. 미드센츄리풍(20세기 중반의 모던함과 심플함이 특징인 인테리어 양식을 뜻합니다)의 가구가 될 수도 있고, 묵직한 오크 향이 짙은 디퓨저나 핸드크림이 콘셉트가 될 수도 있겠죠. (앞서 소개한 그랑핸드는 한옥 매장을 사용하고 있고, 데우스도 한옥을 리모델링했죠. 심지어 스타벅스도 한옥 매장을 사용하기도 합니다.) 문지방이라는 전통적인 구조가 없어도 한옥이라는 분위기를 공간에 가져올 수 있다면, 그곳을 방문하는 사람들에게 새로운 감각의 여행을 선사할 수 있을 것입니다.

TIP BOX

브랜드와 부동산의 상관관계

설화수의 집

성격이 전혀 다른 한옥과 양옥을 연결시켜 새로운 분위기의 공간을 탄생시켰습니다. 부동산적으로 나뉘어 있던 두 필지(땅)를 한데 묶어 매입했기 때문에 두 개의 다른 공간을 연결시킬 수 있었습니다.

뷰포인트	접근성	가시성	공간감	차별성
★★★★☆	★★☆☆☆	★★★★☆	★★★★★	★★★★☆

지도 속 A는 설화수의 집을 표기한 것이다. 1~4까지는 설화수의 집 인근 건물의 거래 사례를 표기한 것이다. 사례 기준은 설화수의 집이 입점한 이후 사례를 우선으로 인근에 위치해 있으면서 브랜드가 입점된 건물과 유사한 건물 면적이거나 토지 면적을 기준으로 선정했다. 모든 입지가 같을 수 없으므로 시기적으로 연면적 평당, 토지 평당 가격이 연도별·위치별로 어떻게 달라졌는지 보기 위한 데이터이다.

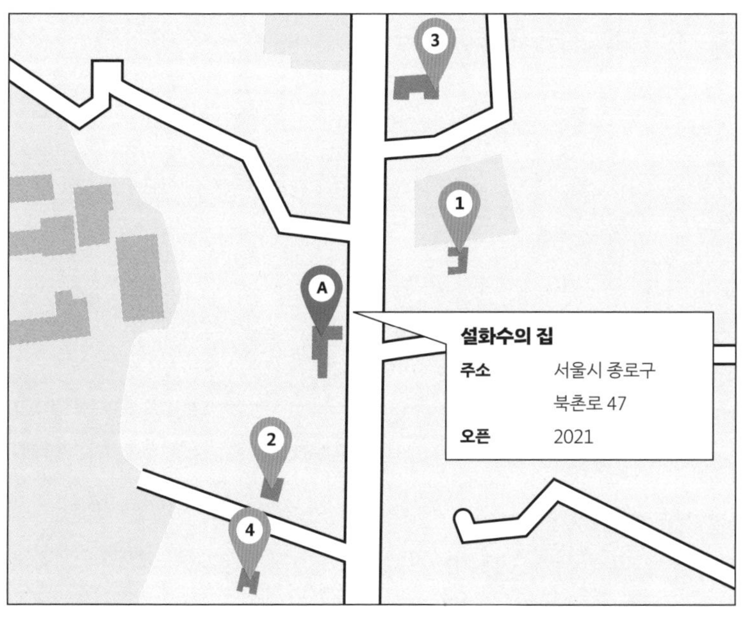

- 출처: 자체 조사, 네이버부동산, Disco, 밸류맵, 서울시 상권분석서비스 | 단위: 만 원
- 위 지도에서 각 부동산 면적의 크기는 위치 비교를 위해 실제보다 크게 표기했다.

월세 1,400원이면
충분하다

1유로
프로젝트

얼마나 비어 있을까?

빈집이 점점 늘고 있습니다. 통계청에 따르면 전국의 빈집은 2022년 기준 약 145만 호로 전체 주택의 7.6%인데, 빈집 활용률은 몇 년째 1% 미만이라고 합니다. 빈집은 특히 지방 농어촌이 도심보다 많습니다. 인구는 늘어나지 않고, 부동산 개발은 지속되며, 수도권으로 인구 집중이 가중되는 상황에서 지방에 생겨나는 빈집 현상은 당연한 일인지도 모르겠습니다. 하지만 빈집을 사회 현상으로 당연시하기에는 지역 경제에 악영향을 미치고, 우범 지역을 만드는 단초가 되기도 합니다. 비단 국내뿐 아니라 가까운 일본, 유럽, 미국 등 선진국들도 빈집 문제를 앓고 있습니다. 과거 네덜란드에서 이를 슬기롭게 해결한 사례가 있습니다. 바로 네덜란드 로테르담 서쪽 지역에서 2004년 시작된 '1유로 프로젝트'입니다.

이곳은 도시 재생의 사례로 많이 거론되는 지역으로 과거 높은 범죄율과 매춘 등으로 악명이 높았습니다. 로테르담시는 낡고 오랫동안 방치된 집을 매매한 뒤 입주를 원하는 사람들에게 1유로에 빌려준다는 공고를 냈습니다. 대신 까다로운 조건이 있었습니다. 집과 공동 공간은 직접 꾸미고 리모델링 비용도 내야 했고(이를 어길 시 벌금이 있었습니다), 2년 동안 살아야 했습니다. 실제로 장소를 방문한 사람들은 생각보다 더 노후된 건물의 상태를 보고 마음을 돌린 경우가 많았다고 합니다. 디자이너와 건축가 등 젊고 창의적인 예비 입주자들이 모였고, 각각의 집은 '스스로 만든 집'이라는 콘셉트로 각자의 취향이 깃든 장소로 탈바꿈하게 되었습니다. 마치 잡지에서 튀어나온 듯한 인테리어 및 공간으로 세간의 관심을 받게 되었고, 도시 재생 사업의 표본 중 하나가 되기도 했습니다. 그렇게 네덜란드에서 흥행한 1유로 프로젝트가 서울에서 새롭게 진행되었습니다.

방치됐던 빌라에서 도시 재생의 꽃으로

서울의 1유로 프로젝트는 송정동 뚝방길에서 시작되었습니다. 이제 핫플레이스로 자리매김한 성수동과 인접해 있는 송정동 뚝방길은 중랑천을 따라 계절의 변화를 느낄 수 있는 가로수가 늘어선 산책로입니다. 이곳에 지하 1층, 지상 3층으로 이루어진 다가구 주택이 오랜 세월 동안 자리 잡고 있었습니다. 네덜란드에서 유학하며 도시 재생 프로젝트를 국내에 실현하는 것을 꿈꿔 온 최성욱 건축가(오래된미래 공간연구소 대표)는 이 건물이 도시 재생에 적합하다고 생각했습니다. 건물주 정은미 씨에게 프로젝트 내용을 설명했고 3년간 단돈 1유로에 빌릴 수 있었습니다.

송정동의 1유로 프로젝트는 앞선 사례처럼 주거 시설이 아닌 상업 시설로 사용한다는 점과 공공 차원이 아닌 민간 차원으로(오래된미래 공간연구소 주도하에) 진행된다는 차이점이 있습니다. 총 4개 층으로 이뤄진 이곳에는 20여 개의 브랜드가 입점해 운영 중입니다. 생활 밀착형 동네 플랫폼 보마켓부터 나만의 정원을 꾸밀 수 있는 서울가드닝클럽 등 다양한 브랜드가 입점해 공간을 가득 채우고 있습니다. 처음 1유로 프로젝트 홍보가 시작되었을 때 많은 브랜드들에서 관심을 가졌습니다. 여러 입주 요건들 중 '일주일에 한 번 라이프 스타일과 관련된 프로그램을 운영해야 된다'는 전제가 있었습니다. 단순히 무료로 공간을 사용하는 것이 아니라 공간과 이용객 간의 유기적인 관계가 지속적으로 유지되게끔 만든 것이죠.

공간의 용도를 모르면 생기는 일

본래 이곳은 주택으로 사용된 만큼, 2021년경 용도 변경이 이뤄졌습니다. 지하 1층의 보일러실은 제1종 근린 생활 시설로, 지상 2, 3층의 경우 제2종 근린 생활 시설로 변경되었습니다. 1종 근생(근린 생활 시설)과 2종 근생의 가장 큰 차이점은 무엇일까요? 간단하게 1종이 조금 더 작은 규모의 필수 시설, 2종이 조금 더 큰 규모의 편의 시설 정도로 볼 수 있습니다. 1종에는 휴게 음식점, 소매점, 이용원, 의원, 체육 시설, 공공 업무 시설, 주민 공동 시설, 주민 생활 지원 시설, 사무소 등이 있고 2종에는 휴게 음식점, 일반 음식점, 공연장, 종교 집회장, 자동차 영업소, 학원, 다중 생활 시설, 사무소 등이 있습니다. 각각 겹치는 항목도 있고 구별되는 항목도 있는데요. 모든 항목을 외울 수는 없으니 본인 사업에 해당되는 항목이 어디에 속하는지 미리 숙지해야 하며, 이에 따른 건축물의 용도 또한 사전 확인이 필요합니다. 가장 흔하게는 휴게 음식점과 일반 음식점의 차이를 논할 수 있는데요. 만약 여러분이 음식점을 운영할 생각이 있고 주류를 판매할 계획이라면 어떤 용도를 선택하는 게 맞을까요? 바로 일반 음식점 용도가 가능한 제2종 근린 생활 시설이 맞습니다. 만약 아무런 사전 지식 없이 제1종 근린 생활 시설에 속하는 건물에 임대차 계약을 맺게 되면, 추후 주류 판매가 어려울 수도 있는 것이죠. 물론 대부분의 부동산 중개소에서 이러한 내용을 숙지하고 안내해 줍니다. 또한 용도/기재 변경 등의 절차를 통해 해결할 수도 있습니다. 하지만 사업이라는 것은 한 치 앞을 알 수 없는 것이기 때문에 만약, 추후 면적이 늘어나야 하거나 제조업 신고 등의 추가 작업이 필요하다면 본래 사용하는 공간의 용도가 그만큼 중요해집니다. 따라서 임대차 계약을 하기 전 이러한 건축물의 용도를 확인하는 작업은 필수입니다. 참고로 건축행정시스템 세움터(cloud.eais.go.kr)나 정부24(gov.kr)에서 누구나 손쉽게 건축물대장 확인이 가능하니, 브랜드를 운영하는 사람이라면 항상 숙지

송정동에 위치한 1유로 프로젝트 건물 외관 | 출처: 1유로 프로젝트

하고 있으면 좋습니다.

1유로 프로젝트는 건물의 용도 변경과 함께 외관도 대대적인 공사를 진행했습니다. 먼저 건물 전면에서 보이는 파사드에 그 아이덴티티를 가장 잘 담았다고 생각합니다. 기존 건물의 콘크리트 위에 적벽돌 구조는 그대로 살리되 창문을 바꾸고 계단을 설치해 이용성의 편의를 도모했는데요. 전면에 '1EURO PROJECT'라는 로고를 벽에서 약간 띄워 설치함으로써 네이밍의 입체성을 부여했습니다. 낮 시간 동안 태양의 위치에 따라 로고 아래로 그림자 음영이 생기게 되고 그만큼 생동감이 생기죠. 그리고 2023년, 2025년 3년의 시간을 뜻하는 넘버를 유리창에 부착해 '프로젝트, 한시성, 리미티드'와 같은 시간적 제약

1유로 프로젝트 건물 내부 모습 | 직접 촬영

을 보여 주고 있습니다. 팝업 스토어가 매력적인 이유는 찰나의 순간이기 때문이고 우리가 리미티드 에디션(한정판)에 열광하는 이유 또한 이와 마찬가지겠죠. 그리고 창틀을 목재 프레임으로 교체해 건물 전체의 따뜻한 분위기를 완성했습니다.

건물 옆면을 살펴보면 과거 다가구 주택의 복도를 감싸고 있던 창문을 철거하고 개방감 있는 창으로 전면 교체했습니다. 불투명했던 유리를 투명한 것으로 바꾸었고 그 위에 입주한 브랜드의 로고 및 네이밍을 기재해 가시성을 높였죠. 그 밖으로 철제 프레임을 설치해 외부 동선으로 이동이 가능한 계단을 설치했습니다. 아무래도 과거 주택으로 사용되던 곳이다 보니 층간 이동에 제약이 있는 구조였습니다. 주거 시설과 상업 시설의 가장 큰 차이는 프라이버시이기 때문이죠. 주거 시설은 본인의 집까지만 도착하는 접근의 편의성 보장이 최우선이지만, 상업 시설은 전체 매장에 대해 어디서든 접근의 편의성이 보장되어야 하며, 어디서든 매장의 노출이 이루어져야 합니다. 따라서 교체한 통유리창에 브랜드의 로고 및 네이밍을 부착함으로써 복도를 따라 입주해 있는 브랜드들이 눈에 띄게 했고, 기존에 없던 새로운 계단을 설치해 전체 매장들에 접근하기 편하게 만들었습니다.
이곳의 하이라이트는 총 2곳입니다. 하나는 건물 뒤쪽에 마련된 보마켓의 작은 마당이고, 다른 하나는 옥상 층의 서울가드닝클럽입니다. 건물의 뒤쪽에 작게 마련된 공간을 보마켓에서 정원으로 사용하고 있습니다. 뒤쪽 문에 보마켓 특유의 작은 어닝을 설치해 아이덴티티를 살렸고 작은 마당에는 그에 걸맞은 글라스 하우스(유리로 이루어진 집)를 설치해 사람들이 모이고 싶은 분위기를 연출했습니다. 작은 공간이라도 온전히 브랜드의 감각과 색을 보여 주는 좋은 사례이기도 합니다. 앞서 소개해 드린 보마켓의 경우 협소했던 1호점의 경험이 1유로 프로젝트의 공간 구성에도 큰 몫을 한 것이죠.

옥상에 입주한 서울가드닝클럽은 브랜드 특성에 걸맞에 옥상을 정원으로 꾸몄습니다. 서울가드닝클럽은 도심에서 즐기는 정원이라는 콘

1유로 프로젝트 옥상에 위치한 서울가드닝클럽 | 직접 촬영

1유로 프로젝트 건물에 자리한 보마켓의 글라스 하우스 | 직접 촬영

셉트로 조경 디자이너, 가드너 등 관련 분야의 전문가들로 이루어진 집단으로 유휴 공간 개발, 그린 스페이스 기획 및 설계 등의 서비스를 제공하고 있습니다. 1유로 프로젝트에서는 옥상 공간을 그들만의 정원으로 탈바꿈시켜 인근 주민들이 각자의 작은 정원을 사용할 수 있게끔 구성했습니다. 특히 '공유정원'이라는 콘셉트를 바탕으로 코로나 시기로 인해 높아진 자연에 대한 수요를 충족했습니다. 정원을 소유하기 어려운 도시인들에게 필요한 서비스를 공급한 것이죠. 공유정원 송정점(1유로 프로젝트)은 가드닝 라이프 스타일 브랜드 쇼룸으로 가드닝 용품, 책, 도구를 구입할 수 있고, 가드닝 관련 워크숍, 마켓 등을 개최해 누구나 참여할 수 있는 프로그램을 운영합니다. 또한 대관 및 이벤트 공간으로도 활용되고 있죠. 개인적으로 공유정원 개념이 보편화되어 집 근처 유휴 공간이 적극 활용되면 좋겠다는 생각입니다. 상업적 이윤이 많이 남지 않더라도 그 이상의 가치가 있는 일일 것입니다. 우리 동네의 숨어 있는 공간에서 자연을 보다 가까이 접할 수 있다면 도심에서 사는 새로운 즐거움이 되지 않을까요?

임대료의 가치란?

송정동 1유로 프로젝트는 공공사업도 아니고 민간의 자발적 프로젝트입니다. 그만큼 수익적 측면을 고려하지 않을 수가 없습니다. 이곳은 2020년 7월 매매가 25억 원, 토지 평당 2,600만 원으로 거래되었습니다. 등기부상 근저당권(장래에 생길 채권의 담보로서 미리 설정한 저당권)이 15억 6,000만 원 설정되어 있으니 대출금이 13억 원, LTV(주택 담보 대출 비율) 52% 정도인 것을 알 수 있고, 실제 투자금은 12억 원 수준으로 볼 수 있습니다. 따라서 연이자율을 5%로 보수적으로 가정하면 월 540만 원가량 이자금으로 빠져나가는 구조인 것이죠(대략적 가정의 숫자로 실제와는 다를 수 있습니다). 즉, 1유로 프로젝트를 운영하면서 월 최소 540+α(각종 세금 및 부대 비용)의 수익이 창출되지 않으면 결국 손해는 임대인의 몫이란 이야기입니다. 하지만 말 그대로 1유로 프로젝트는 월 1,400원대 금액만 지불하며 입주한 총 20여 개의 브랜드 즉, 약 2만 8,000원의 임대료 수익만 발생하는 상황이죠. 공공사업이 아닌 개인이 이런 결정을 할 수 있기까지는 꽤나 큰 결심이 필요합니다. 보유하고 있는 자산의 크기와는 별개로 누군가를 돕는 선한 행위는 그 마음의 크기가 더 중요하기 때문이죠. 이를 실행한 공공사업 분야에서 몸담았던 최성욱 건축가의 영향도 분명 있었을 테고요.

만약 여러분이 1유로 프로젝트에 참여하는 브랜드 대표라면 어떨 것 같으신가요? 월 1,400원대의 임대료만 지불하면 이용할 수 있는 공간이니, 너무나도 가성비 있는 곳인가요? 물론 1,400원의 임대료를 내면서 건물의 가치를 살리기 위해 각종 커뮤니티를 주선하거나 이벤트, 기획을 통해 많은 소비자의 유입을 만들어 낼 수도 있습니다. 하지만 우리 모두는 보통의 이기적인 존재이기 때문에 이런 상황에 해당이 된다면 '임대인'의 입장보다는 '임차인' 즉 자신을 더 생각하기 마련이죠. 내가 지불하는 임대료가 아무리 적더라도 '그렇다면 임대인은 어떤 상황이지?' 하고 생각하는 경우는 사실 드물 것입니다. 보통의 임대인이라면 보유하고 있는 부동산에 대해 일정 부분의 부채는 갖고 있기 마련입니다. 따라서 해당 부동산을 이용하는 이용자이자 임차인이라면, 내가 지불하는 임대료는 물론이고 임대인이 지불할 대출 비용 등을 계산해 보는 게 좋습니다. 임대인이 부동산을 활용하는 방안은 매번 바뀌기 마련입니다. 부동산을 담보로 대출을 받을 수도 있고, 부동산을 팔아 소유주가 바뀔 수도 있죠. 이런 모든 사항을 매번 확인할 수는 없지만, 적어도 내가 지불하는 임대료가 임대인에게 어느 정도의 가치가 있을지는 파악해 보는 자세가 필요합니다. 물론, 1유로 프로젝트와 같은 임대인을 만난다면 모든 게 필요 없는 정말 '행운'이겠지만요.

TIP BOX

브랜드와 부동산의 상관관계

1유로 프로젝트

오래된 주거 시설을 상업 시설로 탈바꿈시킨 프로젝트로 임대료를 저렴하게 받아 새롭고 참신한 브랜드의 입점이 원활하게 이루어졌습니다. 다가구 주택을 리모델링한 방식과 층별 MD 구성 및 프로그램 운영 방식 등은 새로운 공간 기획을 할 때 참고할 만한 좋은 레퍼런스입니다.

뷰포인트	접근성	가시성	공간감	차별성
★★☆☆☆	★★☆☆☆	★★☆☆☆	★★★☆☆	★★★★★

지도 속 A는 1유로 프로젝트를 표기한 것이다. 1~4까지는 1유로 프로젝트 인근 건물의 거래 사례를 표기한 것이다. 사례 기준은 해당 건물이 거래된 이후 사례를 우선으로 인근에 위치해 있으면서 브랜드가 입점된 건물과 유사한 건물 면적이거나 토지 면적을 기준으로 선정했다. 모든 입지가 같을 수 없으므로 시기적으로 연면적 평당, 토지 평당 가격이 연도별·위치별로 어떻게 달라졌는지 보기 위한 데이터이다.

- 출처: 자체 조사, 네이버부동산, Disco, 밸류맵, 서울시 상권분석서비스 | 단위: 만 원
- 위 지도에서 각 부동산 면적의 크기는 위치 비교를 위해 실제보다 크게 표기했다.

28개 집을
하나의 전시장으로

신사하우스

익숙한 듯 낯선 공간의 매력

열쇠로 문을 열고 집에 들어가 보신 적 있나요? 요즘은 도어 록이 달린 집이 많지만, 예전에는 흔한 광경이었습니다. 제가 초등학생 때 살던 집은 조금 오래된 아파트였는데 출입문을 열쇠로 열어야 했습니다. 어린 시절 꽤나 덤벙거렸기에 열쇠를 집에 두고 등교한 적이 많았는데요. 그래서 제 목에는 열쇠가 걸린 줄이 대롱대롱 매달려 있었죠. 학교가 끝나면 전속력으로 집에 달려갔는데(왜 그렇게 뛰는 게 좋았는지 모르겠습니다) 집에 다 와서야 목이 허전한 기분이 들 때가 많았습니다. 열쇠를 잃어버린 거죠. 혹은 집에 두고 나왔거나요. 헐레벌떡 뛰어온 보람도 없이 현관문 앞에서 가족을 기다려야 하는 일이 잦았습니다. 집 앞 계단에서 아무도 없는 서러움에 운 적도 많았고요. 그때마다 앞집이나 윗집에 사시는 어머님들이 제가 일부러(?) 불쌍하게 우는 것을 듣고 집에 초대해 주셨습니다. 날씨 좋은 봄날 주말이면 베란다, 현관문 할 것 없이 모두 문을 열어 놓고는 했는데, 앞집도 그렇게 문을 열어 둬서 머리에 까치집을 짓고 인사한 추억도 있습니다. 복도가 좁았던지, 마음의 거리가 가까웠는지 정확히 기억은 나지 않지만 함께 사는 즐거움이 있던 예전 집이었습니다.

지금은 프라이버시가 중요해져서 외부와 최대한 차단하는 것이 미덕이 되었지만, 과거의 집 형태와 구조는 이보다는 다소 개방적으로 엘리베이터 안에서 모르는 사람과도 인사를 나누었습니다. 이러한 예전 집의 형태를 보존해 공간을 구성하면 새롭게 신축하는 건물보다 더 친밀하고 이색적인 공간 구조를 만들 수 있습니다.

신사하우스 건물 모습 | 출처: 신사하우스

다가구 주택의 화려한 변신

신사하우스는 강남구 신사동 주택가에 있는 복합 문화 공간으로 2개의 건물로 이루어져 있습니다. 다가구 주택의 형태를 온전히 보존하고 있는 공간이라는 것이 특이점입니다. 다가구 주택에서 살아 보지 않았더라도 이곳을 방문하면 과거의 집 구조를 알기에 제격입니다. 신사하우스에는 28개 안팎의 작은 집들이 옹기종기 모여 있습니다. 코너에 위치한 건물의 경우 각 층별로 복도가 있고 복도를 거쳐 각각의 공간으로 들어갈 수 있는 구조입니다. 각 공간은 작은 면적으로 되어 있는데 거실과 화장실로 사용한 흔적을 살펴볼 수도 있어 과거 집으로 사용되었던 모습을 상상해 보는 재미도 있습니다. 덕분에 전시의 구성도 각 방별로 다르게 구성할 수 있어서 이곳만의 독특한 공간 연출이 가능합니다. 그리고 대로변 코너에 위치한 건물은 반지하층을 카페로 사용하고 있습니다. 사람들이 걸어가는 동선보다 조금 낮은 높이에 위치한 카페는 이색적인 분위기를 연출합니다. 본래 주거로 사용되던 곳의 원형을 그대로 살렸기 때문에 친숙하면서도 낯선 감성을 동시에 느낄 수 있습니다. 신사하우스는 이러한 공간을 복합 문화 공간으로 사용하고 있습니다.

지금의 신사하우스는 전시를 관람할 수 있는 곳이지만 원래는 철거를 앞둔 다가구 주택이었습니다. 2021년에 두 건물 모두 개발을 목적으로 소유권 이전이 되었으나 메종코리아가 주관한 전시로 인해 신사하우스의 방향성이 바뀌게 됩니다. 〈메종 투 메종〉이라는 명칭으로 2022년 3월에 진행된 전시였는데 국내외 최정상 인테리어 디자이너,

스타일리스트, 리빙 브랜드, 작가들이 모여 밀라노의 푸오리 살로네(세계적으로 유명한 밀라노 디자인 위크의 장외 전시)와 같은 개성 있는 공간을 만든 것인데요. 수백 개의 가구, 인테리어, 디자인 업체들이 자발적으로 밀라노 위크에 맞춰 전시 이벤트를 구성하면서 유명해졌습니다. 이 전시는 주택가에 마련된 신사하우스에서 여러 업체들과 자유로운 콘셉트의 공간을 구현했습니다. 다가구 주택이 갖고 있는 특성을 살려 각각의 집마다 콘셉트를 달리한 전시를 꾸민 것이죠. '철거를 앞둔 다가구 주택에서 열린 전시'라는 의미 있는 내용과 알찬 구성으로 흥행하게 됩니다. 그러자 유사한 전시 문의가 신사하우스로 계속 들어왔죠. 그 후 지금까지 국내에 유일한 다가구 주택을 그대로 보존한 복합 문화 공간이 운영되고 있습니다.

신사하우스처럼 주택을 전시 공간으로 운영하려면 어떻게 해야 할까요? 다른 것보다 가장 중요한 것이 용도입니다. 다가구 주택은 건물의 용도가 주택입니다. 따라서 복합 문화 공간이라는 타이틀을 달고 운영하기 위해서는 그에 적합한 용도 변경이 필요합니다. 신사하우스는 그에 걸맞게 제2종 근린 생활 시설로 전체 용도 변경을 했습니다. 주거 시설을 근린 생활 시설로 용도 변경을 하기 위해서는 특별 자치 시장, 특별 자치 도지사 또는 시장, 군수, 구청장의 허가가 필요합니다.
신사하우스의 경우 2021년 건물 매입 후 다가구 주택에서 근린 생활 시설로 용도 변경되었습니다. 시기를 살펴보면 2021년 5월에 건물을 매입하고 11월에 용도가 변경되었고 다음 해인 2022년 3월에 〈메종 투 메종〉 전시가 진행되었는데요. 원래 계획은 건물 매입 후 건물을 철거하고 신축하는 방향이었으나 건물 매입 후 5월에서 11월 사이 메종코리아 측과 전시에 관한 논의가 있었을 것으로 예상됩니다. 만약 건물을 철거하고 신축할 계획이었다면 기존 건물의 용도 변경을 할 필요가 없었겠죠. 건축물 신축을 위한 신고 과정에 포함되기 때문에 건물의 공사를 진행하기 전에 굳이 용도를 변경할 이유가 없죠. 결국 〈메종 투 메종〉 전시를 하기 위해 용도 변경을 했고 그 후에도 지속적인 전시가 가능했습니다. 주택의 원형을 보존했기 때문에 각 호실별 색깔이 다른 전시를 기획할 수도 있고, 오래된 주택을 오르락내리락하면서 경험하는 공간감 또한 방문객들로 하여금 신선한 즐거움을 느낄 수 있게 합니다.

신사하우스에는 매력적인 공간이 또 하나 있습니다. *3m* 정도 되는 양 건물 사이의 공간인데요. 신사하우스를 이루는 2개 건물의 소유주가 같으므로, 이 공간 역시 전시의 일부로 활용할 수 있습니다. 마치 일부러 만든 중정처럼 말이죠. 예전에 건물이 주거 시설로 사용될 때 이 공간은 주차장이나 주거 진입 동선 정도로 활용되었습니다. 하지만 두 건물을 복합 문화 공간이라는 이름하에 하나의 콘셉트로 묶었기 때문에, 이 작은 공간도 전시 기간 동안 이벤트 등으로 보다 새롭게 활용할 수 있게 되었습니다. 앞서 소개한 챕터원의 중정이나 미국의 페일리 공원과 같은 작은 공원이 신사하우스에 생겨도 좋겠다는 생각입니다. 많은 사람들이 쉬어 가는 장소로 자리 잡을 수도 있겠지요.

2개의 건물 사이 공간의 활용 예시 | 출처: 신사하우스

2개의 건물 사이 공간의 활용 예시 | 출처: 신사하우스

신사하우스는 신사역에서 도보로 10분 거리에 위치해 있습니다. 가로수길과도 인접하고 인근에 다양한 리테일 스토어들이 밀집해 있죠. 하지만 제2종 일반 주거 지역 중심에 있고 주변에 주거 시설이 많이 분포되어 있습니다. 특히 해당 위치는 신사동을 일컫는 가로수길(신사동의 중심을 가로지르는 대표적 패션 거리), 세로수길(가로수길 이면에 있는 좁은 골목길)과는 동떨어져 있는 주거 단지에 가까운 곳입니다.

한번 생각해 볼까요? 만약 집 앞에 몇 달에 한 번씩 바뀌는 전시장이 있다면 어떨까요? 매번 새로운 콘텐츠와 파사드 장식을 기획하는 멋진 공간인데, 편하게 슬리퍼를 신고 갈 수 있는 장소(슬세권이라고 하죠)

입니다. 저라면 평일 저녁이라도 자주 방문할 것 같습니다.

부동산에 대한 새로운 접근

신사하우스는 두 건물이 각각 60억 원, 95억 원에 거래되었습니다. 등기부 등본을 보면 2021년 5월에 계약을 했고 2021년 12월에 근저당권 설정이 된 것을 알 수 있습니다. 근저당 설정액이 채권 최고액 120%라 보면, 각각의 건물에 대해 48억 원, 72억 원의 대출을 받았고 실제 지급한 금액은 12억 원, 23억 원 정도 수준이라고 예상해 볼 수 있습니다. 그렇다면 연이자율 4.5%로 보수적인 가정을 했을 때 연간 지불하는 이자가 5.4억 원, 월 4천 5백만 원 수준이 됩니다. 결국 전시 및 팝업 스토어를 운영하면서 연간 수익이 최소 5.4억 원, 월 수익 4천 5백만 원은 나와야 이자는 지불할 수 있는 셈인 것이죠. 여기에 각종 유지 보수 및 관리비까지 포함되면 사실상 수익은 더 발생해야 합니다(적자 운영의 가능성도 배제할 수 없겠죠). 전시나 팝업을 기획할 때 어느 정도의 수익이 발생되는지 정확하게는 알 수 없지만 최소 연 5.4억 원 이상의 수익이 나오고 그에 따라 몇 차례 전시가 운영되었는지 살펴보면 대략적인 수익 범위를 가늠해 볼 수 있을 것입니다.

신사하우스는 도심의 주택가에서 탄생된 복합 문화 공간이고 공간이 갖는 물리적 특성으로 기존 전시와는 다른 색깔의 문화 기획이 가능합니다. 따라서 자연스럽게 많은 기업 및 단체에서 새로운 시도를 하기 위해 이 공간을 사용하는 것으로 생각합니다. 오래된 주택을 철거해 신축 빌라나, 오피스로 접근하는 것이 아니라 원래의 형태를 보존하면서 소비자에게는 새로운 문화 경험을 제공하고 기업에는 새로운 방식의 소통 창구 역할을 하며 그에 따른 적절한 수익까지 보장된다면, 이러한 접근은 얼마든지 응용해서 접근해 볼 가치가 있을 것 같습니다.

TIP BOX

브랜드와 부동산의 상관관계

신사하우스

신사하우스는 다가구 주택을 복합 문화 공간으로 재탄생시켰습니다. 내부 구조를 온전히 살려 여태껏 보지 못한 공간의 전시장을 구현했습니다. 부동산적으로도 주택가에 있는 주택 시설을 리모델링했기 때문에 신사하우스 브랜드의 차별성을 더욱 인정받을 수 있었습니다.

뷰포인트	접근성	가시성	공간감	차별성
★★★☆☆	★★★☆☆	★★★☆☆	★★★☆☆	★★★★★

지도 속 A는 신사하우스를 표기한 것이다. 1~4까지는 신사하우스 인근 건물 및 토지의 거래 사례를 표기한 것이다. 사례 기준은 신사하우스가 입점한 이후 사례를 우선으로 인근에 위치해 있으면서 브랜드가 입점된 건물과 유사한 건물 면적이거나 토지 면적을 기준으로 선정했다. 모든 입지가 같을 수 없으므로 시기적으로 연면적 평당, 토지 평당 가격이 연도별·위치별로 어떻게 달라졌는지 보기 위한 데이터이다.

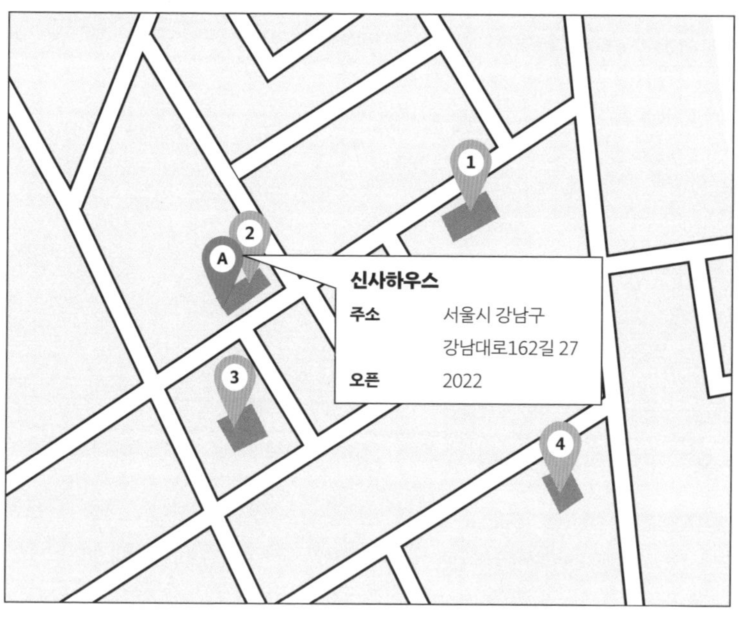

• 출처: 자체 조사, 네이버부동산, Disco, 밸류맵, 서울시 상권분석서비스 | 단위: 만 원
• 위 지도에서 각 부동산 면적의 크기는 위치 비교를 위해 실제보다 크게 표기했다.

오래된 주택을
5층 쇼룸으로

얼굴 없는 화가를 닮은 브랜드

아더에러라는 브랜드를 아시나요? 패션에 관심이 없다면 생소할 수도 있습니다. 쉽게 말해 패션계의 BTS(아이돌 그룹 방탄소년단)라고 할 수 있습니다. 아더에러는 독보적 공간 연출과 개성 강한 디테일의 디자인으로 사랑받고 있는 패션 브랜드로 2014년에 론칭되었습니다. 초기부터 아더에러는 브랜드만의 독특한 디자인, 실루엣과 다양성을 존중하는 젠더리스 감성으로 많은 주목을 받았습니다. 아더에러를 가장 유명하게 해 준 것은 프랑스의 컨템포러리 패션 브랜드 메종키츠네와의 협업이었습니다. 해외 브랜드 메종키츠네와 국내 브랜드인 아더에러가 합작한다는 소식부터 관심을 끌었고, 컬래버 제품이 보여 준 높은 퀄리티로 아더에러는 트렌디하고 질 좋은 브랜드로 인정받기 시작했습니다.

그런데 창업한 2014년부터 지금까지도 아더에러의 구성원들에 대해 정확히 알려진 바는 없습니다. 어떤 개인의 경력, 지위 등에 의존하는 것이 아니라 브랜드 그 자체로서 대중들의 관심을 끌었고 꾸준히 사랑받고 있는 것입니다. 이렇듯 행위 주체가 알려지지 않은, 정보의 비대칭성이 있을 때 사람들의 반응은 크게 두 가지로 나뉘게 됩니다. 첫 번째 무관심. 아직 유명하지 않고 알려지지 않았다면 그 주체가 누군지 관심이 없을 수밖에 없죠. 정보가 없는 만큼 대중은 관심을 두지 않는 법입니다. 두 번째 열광. 가지지 못하는 것, 궁금하지만 알 수 없는 것에 대한 열광적인 반응이 있습니다. 영국에서 가장 사랑받는 화가 중 한 명인 뱅크시를 예로 들 수 있습니다. 그는 영국에서 활동하는 익명의 화가로 반전주의, 무정부주의, 진보주의 등 다양한 정치적, 사회적 주제를 다루는 벽화 그림으로 큰 반향을 일으켰습니다. 현재까지도 그 정체를 알 수 없기 때문에 사람들은 그 신비로움에 더 열광하는 것 같습니다. 아더에러 또한 신비로운 콘셉트를 지속적으로 유지하고 있습니다. 뱅크시처럼 사회적인 메시지를 전달하는 브랜드는 아니지만 지속적으로 이슈를 만들고 새로운 공간을 창출하면서 사람들의 관심과 이목을 집중시킵니다. 브랜드 구성원을 노출시키거나 인터뷰를 통해 홍보하기보다 브랜드 그 자체로만 소비자에게 노출되는 것이 더 쿨하게 느껴집니다. 물론 그 바탕에는 독보적인 브랜드의 콘셉트와 이를 뒷받침하는 상품, 기획이 있기 때문이기도 하죠. 이 브랜드의 비밀스러운 결은 공간과 부동산에도 이어집니다.

아더에러 신사점 건물 외관 | 직접 촬영

▲ 아더에러 신사점 건물 외관 | 직접 촬영

▼ 아더에러 신사점 매장 내부 | 직접 촬영

아더에러 신사점 매장 내부 | 직접 촬영

땅을 사지 않고 건물을 짓다

아더에러 브랜드의 플래그십 스토어 아더 신사 스페이스(아더에러 신사점이라고도 하겠습니다)는 가로수길 이면에 위치해 있습니다. 일반적으로 가로수길 대로변은 브랜드 쇼룸의 성지입니다. 대표적으로 애플스토어 1호점이 있습니다. 아더에러는 그보다 조금 더 골목에 자리를 잡았는데요. 현재 총 5층짜리(248평 규모)의 건물을 사용하고 있습니다.

하지만 과거에는 평범한 주택으로 사용되던 곳이었습니다. 대지는 128평 정도로 넓은 마당을 보유한 단독 주택이었습니다. 토지는 1970년대부터 현재까지 한 개인의 집안에서 보유했는데 2000년에 증여가 이루어졌고 그 후로도 2019년까지 가족의 보금자리 역할을

아더에러 신사점이 위치한 자리의 과거 모습 | 출처: 카카오맵(https://kko.to/-IKGghSuE6)

해 왔습니다. 2020년 8월에 신축이 되어 아더에러 신사점으로 탈바꿈하게 되었습니다. 여기서 특이한 점을 발견할 수 있습니다. 과거 토지와 건물 모두 한 개인의 소유였는데, 그곳에 5층짜리 건물을 신축했습니다. 그런데 소유주는 그대로입니다. 즉 아더에러는 해당 토지나 건물을 별도로 구매하지 않고 자신들의 건물을 지은 셈입니다. 건물 내부를 살펴보면 아더에러라는 브랜드가 혼신의 힘을 다해 내부 공간 구성을 기획 및 디자인했다는 것을 알 수 있습니다. 디지털 아티스트 제롬 델레피에르를 비롯해 8명의 글로벌 아티스트와 협업한 아트워크가 전시되어 있고, OUCHHH라는 글로벌 뉴미디어 콘텐츠 그룹과 협업한 3D매핑 프로젝트가 전시되어 있기도 합니다. 이렇게 정성을 다해 만든 새로 지은 건물에 대한 소유권은 본래의 토지 및 건물주와 동일합니다. 2020년 10월에 소유권 보존이 된 것을 알 수 있습니다.

아더에러는 이곳에 어떻게 건물을 지을 수 있었을까요? 토지주가 건물을 지어 주었을 가능성을 떠올릴 수 있습니다. 그렇기 때문에 어떤 소유권 및 저당권 설정을 하지 않았을 수 있지요. 하지만 본래 주택으로 오래 사용되던 곳이고 집주인의 나이나 등기상 근저당권 설정 등이 없는 점을 고려했을 때 그럴 확률은 낮아 보입니다. 오히려 아더에러에서 이곳을 마음에 들어 했을 확률이 높죠. 아더에러가 이곳의 입지를 점찍었고, 직접 신축 후 임대차 계약을 통해 본 토지를 사용한 것이죠. 대신 아더에러는 건물의 이름을 '에스에이치스페이스'로 변경했습니다. 에스에이치스페이스는 아더에러의 주식회사 명칭이기도 합니다.

건물명을 바꾸기 위해서는 임대인이 직접 신청하거나 임대인의 동의가 필요합니다. 변경 신청의 경우 건축물 현황도 한 부 또는 건축물의 표시에 관한 사항이 변경되었음을 증명하는 서류가 필요합니다. 해당 서류를 준비하기 위해서도 임차인이 건물명을 변경할 수가 없는 것이죠. 따라서 아더에러 신사점은, 아더에러에서 건물을 신축하고 임대인의 동의를 얻어 아더에러 회사명으로 건물명을 바꾸었다고 할 수 있습니다. 건물명을 바꾸면 어떤 점이 좋을까요? 브랜드를 홍보하기 좋습니다. 건물에는 빌딩명과 임차사의 사이니지*를 기재할 수 있습니다. 예를 들어 원래 빌딩에 아더에러가 간판을 기재했다면 'ㅇㅇ 빌딩'에 '아더에러' 간판이 걸리게 됩니다. 따라서 기존 건물을 멸실(건물을 철거해 부동산이 소멸됨)하고 나대지(건물이 없는 공터)인 토지로 만든 후 건물을 새로 올렸고 임대인의 동의를 얻어 건물 이름을 바꾼 것입니다.

그렇다면 아더에러는 건물 신축에 막대한 비용이 발생했을 텐데 그 소유권을 전부 토지주에게 부여한 것일까요? 토지주는 동일한데 임차인이 신축 건물을 짓거나 혹은 기존 건물에 임차를 하더라도 보증금의 권리를 주장하기 위해 여러 가지 설정을 합니다. 내 땅이 아닌 곳에 건물을 짓거나, 내 건물이 아닌 곳에 임차인으로써 들어가게 될 때 지급하는 보증금을 보호하기 위해, '설정'이라는 것을 하는 것이죠.

* 사이니지는 기업들의 마케팅 및 광고에 활용되는 전자 정보 표시 도구를 의미합니다. 쉽게 말해 건물 외관에 달린 브랜드 로고나, 기업 이름이 나오는 엘시디, 엘이디 같은 디지털 영상 장치 등이 있습니다.

이때 주로 설정하는 것이 '전세권, 임차권, 근저당권, 지상권' 등이 있습니다. 어디선가 많이 본 단어들이지만 정확히 어떤 의미인지는 헷갈릴 때가 많습니다. 전세권, 임차권, 근저당권은 임대차 계약 시 많이 활용되는데 이때 중요한 것은 사용/수익과 우선 변제입니다. 사용/수익은 말 그대로 부동산을 사용해 수익을 낼 수 있다는 것이고, 우선 변제는 전세금이나 보증금 등의 금액을 우선적으로 변제받을 수 있다는 뜻입니다. 다음 설명 중 이 두 가지를 잘 기억하시면 됩니다.

전세권이란 전세금을 지급하고 타인의 부동산을 점유해 그 부동산의 용도를 좇아 사용/수익하며 그 부동산 전부에 대해 후순위 권리자나 기타 채권자보다 전세금의 우선 변제를 받을 권리를 말합니다. 즉, 어떤 부동산을 사용하기 위해 전세금을 지불했는데, 그 부동산에 문제가 생겨서 경매 등의 이슈가 발생되었을 때 다른 사람들(후순위 권리자, 채권자: 해당 부동산을 담보로 돈을 빌려준 사람)보다 먼저 전세금을 돌려받을 수 있는 권리입니다.

임차권의 의미를 한번 알아볼까요? 임차권이란 당사자 일방이 상대방에게 목적물을 사용/수익하게 할 것을 약정하고 상대방이 이에 대해 차임을 지급할 것을 약정함으로 효력이 생기는 권리를 말합니다. 쉽게 말해 해당 부동산을 사용해 수익을 내는 걸 약속하고 이에 맞는 금액을 지급한다는 것이죠.

저당권은 계속적인 거래 관계로부터 발생하는 다수의 불특정 채권을 담보하고, 결산기에 이르러 채권 최고액의 한도 내에서 우선 변제를 받는 것을 목적으로 하는 등기를 말합니다. 즉, 해당 부동산을 담보로 한도 내에서 우선 변제를 받기 위해 기입하는 등기입니다 부동산을 담보로 돈을 빌려줄 때 증거를 남기는 것이죠. 근저당권을 언급했는데 저당권을 먼저 얘기한 이유는 뒤에서 마저 설명해 보겠습니다.

전세권	사용/수익과 우선 변제가 가능함
임차권	사용/수익이 가능함
저당권	우선 변제가 가능함

전세권과 근저당권을 설정할 경우 부동산 등기부 등본상에 기입해야 합니다. 따라서 전세금이 얼마인지 근저당 금액이 얼마인지 등기부 등본을 통해 확인이 가능하게 되죠. 하지만 임차권 설정은 등기 등록이 필수 사항이 아닙니다. 단, 상가 건물 임대차에서는 등기를 하지 않아도 임차인이 건물의 인도와 사업자 등록을 신청하면 그다음 날부터 제삼자에 대해 효력이 생깁니다. 그렇다면 브랜드의 입장에서는 보증금을 지급하고 사용/승인과 우선 변제가 가능한 전세권 설정이 가장 좋겠지요? 하지만 전세권 설정은 '경매를 신청할 수 있는 권리'처럼 임차인의 강력한 권한이 생기고 등기부 등본상에도 기입이 되기 때문에 임대인은 전세권 설정을 꺼리게 됩니다. 임대인의 입장에서 생각해 보면 한 치 앞을 알 수 없는데 임차인이 경매를 신청할 수도 있고 본인 건물에 그 기록이 남는 게 찝찝할 수도 있는 부분이죠.

그렇다면 앞서 설명을 유예한 근저당권은 저당권과 어떻게 다를까요? 저당권은 우선 변제가 가능하지만 저당권이 설정된 순서에 따라 우선순위가 정해집니다. 이때 근저당권과 저당권의 가장 큰 차이는 등기부에 기록하는 채권 최고액에 있습니다. 저당권은 현재의 확정액을 기입하지만 근저당권은 장래의 증감, 변동하는 불특정 채권으로 실제 채무의 약 120~140%를 기입합니다. 따라서 은행에서 빌린 돈이 2억 원이면 부동산 등기에 저당권은 2억 원이 기입되지만 근저당권은 2.4~2.8억 원이 근저당권 금액으로 기입될 수 있습니다.

마지막으로 다른 토지주가 있는 곳에 건물을 지을 때 지상권을 설정하기도 합니다. 지상권이란 타인의 토지에 건물, 기타 공작물이나 수목을 소유하기 위해 그 토지를 사용하는 권리를 말합니다. 만약, 여러분이 남의 땅에 농사를 짓는다고 생각해 보세요. 일 년 동안 열심히 벼를 길러서 수확하려는데, 땅 주인이 그곳에 건물을 짓는다고 벼를 다 밀어 버리면 어떨까요? 이런 상황을 방지하기 위해 요구하는 권리가 지상권입니다.

아더에러의 경우 본래 토지주의 땅에 직접 건물을 신축했다면 지상권을 설정했을 법합니다. 하지만 아더에러 신사점의 등기부 등본상에는 어떠한 권리 설정도 되어 있지 않습니다. 예상해 보면 토지주와 임대차 계약을 맺어 사업자 등록을 마쳤고 자연스럽게 임차권에 대한 권리를 갖게 되었습니다. 그리고 등기부 등본상에 남아 있는 권리 설정 사항이 없기 때문에 기타 권리에 대해서는 따로 요구하지 않았다고 추측할 수 있습니다. 물론, 지급한 보증금이 적어서 따로 권리 설정을 안 했을 수도 있죠. 의도했건 의도하지 않았건 등기상 명시가 되지 않았기에 아더에러가 추구한 신비스러운 이미지 또한 유지될 수 있었습니다. 건물을 매입하거나 근저당권 설정 등을 통해 건물의 가격이나 근저당권의 금액이 노출될 수 있는데 그러한 점들을 아더에러 신사점에서는 찾아볼 수 없는 것이죠. 또한 브랜드의 입장에서 무조건적으로 부동산을 매입하는 행위는 꽤나 큰 부담이 될 수 있습니다. 장기적 관점에서 부동산이 우상향한다는 전제를 갖는다면 부동산 투자를 통해 자산을 증식하는 게 맞지만, 해당 브랜드가 좀 더 자금 융통성을 가져가고 부동산 이외의 사업 확장에 더 큰 목표를 두고 있다면 부동산은 부담이 될 수밖에 없죠. 이는 전적으로 브랜드의 콘셉트와 이와 부합하는 비즈니스 방향성에 따라 결정해야 되는 부분이기도 합니다.

양측의 마음을 알아야 한다

보통 주택을 리모델링하거나 신축하는 경우는 그 형태를 보존하는 방법을 많이 사용합니다. 과거 주택의 공간 형태, 동선 등을 최대한 살려 방문객들에게 주택만이 가지는 특별함을 제공할 수 있기 때문입니다. 앞서 소개한 데우스엑스마키나, 북촌 설화수의 집, 1유로 프로젝트, 신사하우스 모두 기존 주거 형태를 보존하면서 새로운 색을 입힌 케이스입니다. 하지만 아더에러 신사점은 주택의 모습을 찾아볼 수 없고 아예 새로운 건물을 지었습니다. 사실 주택이라고 할 수 없는 공간인데요. 그러나 집이라는 공간을 새롭게 만드는 방법으로 항상 리모델링만이 정답은 아니라는 사실을 배울 수 있습니다. 공간적 볼륨이 더 많이 필요하면 신축은 필수이고 브랜드를 더 잘 경험할 수 있게 만드는 수단인 것이죠. 거기에 베일에 가려진 아더에러의 임대차, 권리 조건 등을 살펴보면서 내가 이 부동산의 임차인 또는 임대인의 상황이라고 가정했을 때 어떤 것들을 고려할지 생각할 수 있는 사례이기도 합니다. 먼저 임차인의 입장에서는 임대차 계약과 신축에 따르는 권리를 위해 전세권, 임차권, 근저당권, 지상권이라는 부분을 고민해 봐야 하겠습니다. 아더에러처럼 권리를 등기상 명시하지 않는 방안도 고려해 봄 직하죠. 만약 보증금 액수가 크지 않다면 이런 방법이 오히려 임대인에게 부담을 덜 주는 방법일 수 있습니다. 더 중요한 점은 브랜드의 방향성에 있어서 장기적인 비전 수립과 스케줄링을 통해 부동산을 바라봐야 한다는 것입니다. 현금 융통이 용이해졌다고 무조건적으로 부동산을 매입하기보다 아더에러처럼 브랜드의 상황에 맞게 부동산을 검토해야 하는 것이죠. 이때 부동산을 사용하기 위해 지불하는 보증금 및 금액을 보존하는 방법인 전세권, 임차권, 근저당권, 지상권이라는 부분을 고려할 수 있다면, 다른 브랜드보다 더 안정적으로 부동산을 사용할 수 있을 것입니다.

임대인의 입장에서는 사실 아더에러와 같은 브랜드이자 임차인은 고마운 존재가 아닐 수 없습니다. 어떠한 권리 설정도 하지 않고 자신의 토지에 새로운 건물을 짓고 운영하면서 임대료를 지불한다? 손대지 않고 코 푸는 격이 아닐까 합니다. 하지만 통상적인 '원활한 협상'을 위해서는 임대인도 전세권, 임차권, 근저당권, 지상권 설정과 같은 방법을 직시하고 있어야 하며 본인의 입장에서 부담감이 적은 방법을 염두에 두고 협상에 참석해야 합니다. 그랬을 때 임대인과 임차인 모두가 만족하는 결과를 만들 수 있습니다.

TIP BOX

브랜드와 부동산의 상관관계

아더에러 신사점

오래된 주택이 있던 자리에 새로운 건물을 짓고 브랜드의 쇼룸을 만들었습니다. 기존과는 완전히 다른 건물 형태로 지나가는 소비자의 이목을 집중시켰습니다. 부동산을 매입하기보다 자금의 흐름을 가볍게 하기 위해 임대차 계약을 진행했습니다. 새로운 건물을 짓는다고 부동산을 무조건 매입할 필요가 없다는 점을 배울 수 있는 접근법입니다.

지도 속 A는 아더에러 신사점을 표기한 것이다. 1~4까지는 아더에러 인근 건물의 거래 사례를 표기한 것이다. 사례 기준은 아더에러가 입점한 이후 사례를 우선으로 인근에 위치해 있으면서 브랜드가 입점된 건물과 유사한 건물 면적이거나 토지 면적을 기준으로 선정했다. 모든 입지가 같을 수 없으므로 시기적으로 연면적 평당, 토지 평당 가격이 연도별·위치별로 어떻게 달라졌는지 보기 위한 데이터이다.

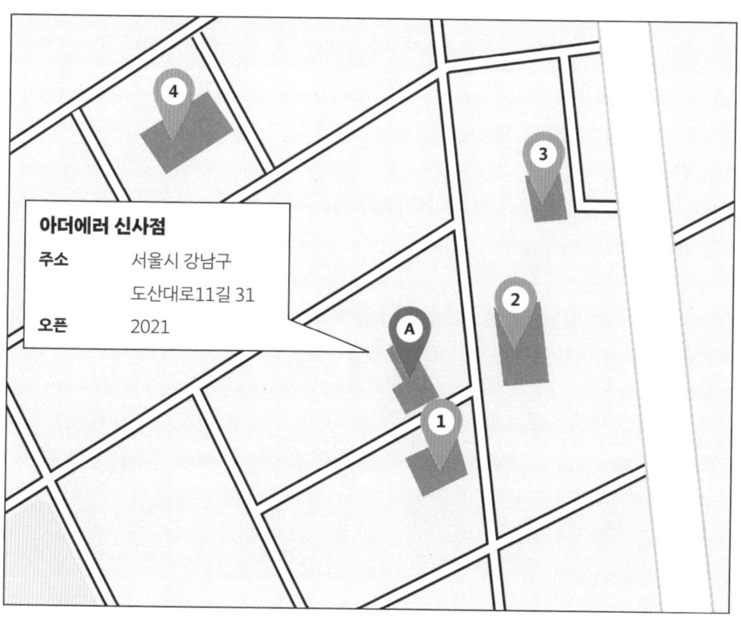

- 출처: 자체 조사, 네이버부동산, Disco, 밸류맵, 서울시 상권분석서비스 | 단위: 만 원
- 위 지도에서 각 부동산 면적의 크기는 위치 비교를 위해 실제보다 크게 표기했다.

집의 변신은 무죄

주택을 리모델링하거나 신축하는 경우는 더 많아질 것입니다. 인구는 점차 감소하고 수도권 집중도는 계속해서 높아지고 있죠. 그에 따라 더 오래되고 외딴곳에 있는 집을 개발하는 시도도 늘어날 것입니다. 1유로 프로젝트처럼 낡은 주택에 해외 공공 프로젝트의 콘셉트를 가져와 재해석한 것도 그중 하나입니다. 새로운 자극을 원하는 소비자에 맞춰 공간에서도 새로운 시도가 계속되고 있는 것입니다. 거실, 안방, 부엌, 화장실 등으로 이뤄진 주택의 구조를 바꾸거나 아예 새 건물을 신축할 수도 있습니다.

하지만 어떠한 시도에도 집이 갖는 본연의 '편안함'은 바뀌지 않을 것입니다. 여러분이 친구에게 집에 대해 얘기할 때 '우리 집은~'이라고 말하는 이유는 '우리'라는 애정이 '집'에 깃들어 있기 때문입니다. 본연의 편안함이 있고 안락함이 있는 집은 조금 고치거나 새롭게 만들어도 그 의미는 변하지 않습니다. 오히려 다른 공간보다 친숙하기에 새로운 시도가 더 친근하게 느껴질 수 있는 것이죠. 우리가 살고 있는 집, 우리가 살고 싶은 집, 지나치는 수많은 집에는 집 본연의 기능에 충실한 주거 공간으로서의 역할이 있을 수도 있지만 이 책에서 소개한 브랜드 사례처럼 다양한 시도가 접목된 상업적 목적의 공간으로 탈바꿈할 수 있는 가능성도 있습니다. 집을 사용하는 사람에 따라 공간의 다양성이 펼쳐지듯, 집을 주거 이외의 방법으로 사용하는 시선에 따라 역시 집의 변신은 무궁무진해질 수 있기 때문입니다. 그래서 집의 변신은 무죄입니다.

4부

오래된 부동산을 살린 브랜드

360평으로
3만 평 전통시장을
되살리다

스타벅스 in 경동시장

빈티지 스페이스의 매력

앤티크(antique), 빈티지(vintage)라는 단어를 많이 보셨나요? 가구나 청바지 같은 카테고리에 이 두 형용사가 덧붙여질 때가 많습니다. 이들이 꾸며 주는 명사는 조금 더 고풍스럽고 예스러운 멋이 있는 의미로 탈바꿈하게 됩니다. 그렇다면 앤티크와 빈티지의 차이는 무엇일까요?

앤티크는 라틴어 antiquus(고대, 오래된)에서 유래된 단어로 역사적, 미술적으로 가치가 있고 최소 100년은 된 것들을 뜻합니다. 그리스나 로마 시대에는 '문물'을 뜻하는 말로 쓰였고 점차 '오래된 물건'을 뜻하는 단어로 바뀌었습니다. 빈티지는 어떨까요? 빈티지는 원래 와인에서 시작된 말로, 와인 양조에서 빈티지라는 단어는 포도를 수확하고 와인을 만드는 과정을 뜻합니다. 포도가 풍작인 해에 정평이 난 양조장에서 양질의 포도로 만든 품격 있는 와인에 붙여 주던 라벨인 것이죠. 따라서 일반적으로는 특히 오래되었거나 고품질로 인식되는 와인을 빈티지 와인이라 일컬었습니다. 이 단어가 패션이나 인테리어 등 다양한 분야에 쓰이면서 오래되고 가치 있는 것이라는 의미가 부여되었습니다. 통상적으로 빈티지는 100년이 되지 않은 제품에 대해 사용됩니다. 그리고 유독 브랜드 제품에 많이 쓰이는데요. 과거에 출시됐지만 여전한 가치를 자랑하는 브랜드 제품을 수식할 때 빈티지라고 합니다. 유명한 브랜드의 빈티지 제품의 경우 더 이상 생산되지 않는 희소성으로 인해 그 가치를 더 인정받기도 하고요.

그렇다면 왜 빈티지라는 단어는 유독 브랜드에 더 많이 사용될까요?

앤티크라는 단어와 빈티지라는 단어가 갖는 시간의 차이도 있겠지만 포도의 '숙성'과도 관련이 있다고 생각합니다. 좋은 연도에 숙성된 포도로 만든 와인을 좋은 빈티지 와인이라 일컫듯, 가치 있는 브랜드의 빈티지 제품은 빈티지 와인처럼 좋은 숙성의 과정을 거쳤다고 인정받는 것이죠. 만약 단순히 오래된 것을 좋은 것이라고 칭한다면 앤티크 브랜드가 더 적합한 말일지도 모릅니다. 하지만 절대적인 시간보다, 어떠한 브랜드가 어떠한 시간을 거쳤느냐가 더 중요하기 때문에 빈티지가 앤티크보다 브랜드라는 카테고리에 잘 어울리는지도 모르겠습니다. 결국 오래되고 낡은 것에 브랜드가 더해지면 그 가치를 더욱 인정받을 수 있습니다. 공간도 마찬가지입니다. 저는 이런 공간을 '빈티지 스페이스'라 부릅니다.

경동시장이 핫플레이스가 되기까지

전통시장은 빈티지 스페이스의 대표 격이라고 할 수 있습니다. 오래된 역사를 지닌 시장 한복판에 대한민국 사람이라면 모두가 알 만한 스타벅스 매장이 생겼습니다. 바로 서울 동대문구 제기동의 경동시장에 위치한 스타벅스 경동1960점입니다. 세계적으로 핫한 커피 브랜드가 선택한 경동시장에 대해 먼저 알아보겠습니다. 경동시장은 1960년도에 생겨난 시장으로, 경동(京東)이라는 뜻은 서울의 동쪽으로 본래 서울의 동쪽 경기도, 강원도 주민들이 농산품 특히 토산품이나 특산물을 내다 팔면서 그것을 수집하고 판매하는 상인들이 모여 노점상을 형성했습니다. 1960년 6월 시장 개설 허가를 받은 후 도심에서 농산물을 골고루 갖춘 시장으로 자리를 잡았고 1982년 11월에 신관 건물 준공, 1985년 5월에는 경동빌딩이 준공되는 등 확장과 발전을 거듭해 왔습니다. 그 결과 국내 최대의 인삼시장이 개장되고 한약 전문 상가도 형성되어 관광 명소로도 자리매김했습니다. 하지만 시간이 지날수록 시장 대신 백화점이나 마트 등을 찾는 이가 늘어났고, 오래된 시간만큼 내부의 보수 등 환경 개선 공사가 필요했지만 줄어든 소비자로 인해 투자 여력도 되지 않는 악순환이 계속되었습니다. 점점 쇠퇴하는 시장에 젊은 층의 방문이 줄어드는 상황은 경동시장도 마찬가지였습니다. 하지만 경동시장은 적극적인 도전과 시도를 통해 시장도 다시 태어날 수 있다는 면모를 보여 주게 됩니다.
2010년대 초만 해도 대기업 유통사와 전통시장 간의 상권 다툼이 활발했습니다. 대기업 유통사는 상권 확장을 위해 전통시장을 기웃거렸고 전통시장은 이를 방어하기 위해 투쟁을 벌였습니다. 포화 상태에 이른 유통사들의 입장과 전통시장을 사수하려는 상인들 간의 갈등은 걷잡을 수 없이 커지게 되었는데요. 수차례 갈등 끝에 결국 '유통산업발전법'이 제정되었고 현재는 익숙한 대형마트의 영업시간 제한이 생겨나게 되었습니다.

법 제정에도 불구하고 소비자의 발길을 전통시장으로 이끌기 위해서는 시장 자체의 쇄신이 필요한 시점이었습니다. 경동시장에서는 여러 차례 새로운 도전을 했고 그중 하나가 노브랜드의 경동시장 입점이었

현재의 경동시장 | 직접 촬영

습니다. 2018년도에 경동시장 측에서 신세계그룹에 '상생스토어 개설'을 제안했고 긴 협의 끝에 노브랜드 경동시장점이 오픈하게 됩니다. 시장 중심에 대기업의 마트가 들어와 있는 이색적인 형상이 펼쳐진 것인데요. 덕분에 노브랜드 매장을 이용하는 고객들이 자연스럽게 경동시장을 둘러볼 수 있게 되었고 시장에 대한 관심도도 높아졌습니다. 이러한 경험을 토대로 2022년 말, 경동시장을 핫플레이스로 만든 사례가 바로 스타벅스 경동1960점(경동시장점이라고도 하겠습니다)입니다.

시장 속 폐극장이 레트로한 카페 공간으로

1호선 제기동역에서 걸어서 500m가 채 되지 않는 스타벅스 경동시장점은 경동시장 건물 외벽에 사이니지 하나로 사람들을 안내하고 있습니다. 시장 내 3층에 위치하고 있는 매장은 과거 경동극장으로 사용되던 공간을 재구성하여 기존에 본 적 없는 스타벅스 공간을 선보입니다. 이곳의 가장 큰 특징은 '시장 속 영화관'의 특색을 살린 것입니다. 1962년부터 1994년까지 운영된 경동극장 본연의 구조를 그대로 살렸습니다. 오래된 계단 위에 테이블과 의자를 배치했는데, 극장 구조처럼 한쪽을 바라보게 했습니다. 본래 스크린이 있던 벽면에는 주문 및 제조 공간으로 만들었고, 영사기를 연상시키는 주문번호 알림, 영사실을 활용한 근무 휴게 공간 그리고 오래된 목조식 천장 구조는 과거 속에서 현대의 브랜드를 즐기는 기분을 선물합니다.

스타벅스 경동시장점 내부 모습 | 직접 촬영

스타벅스 경동시장점 내부 모습 | 직접 촬영

전체 363.5평, 200여 좌석이 배치되어 스타벅스 단일 매장에서도 큰 면적에 속합니다(스타벅스 평균 면적은 333.69㎡, 약 100평이라고 합니다). 전통시장에서는 처음 시도된 스타벅스 모델이기도 합니다. 건물주 위에 스타벅스라는 말도 있듯 상권을 선택하고 입점할 건물을 결정하는 과정이 결코 순탄하지 않은 스타벅스를 설득하기 위해 경동시장 상인들의 3년이라는 긴 구애도 있었다고 합니다. 하지만 그 노력이 보답을 받듯 스타벅스 경동시장점을 찾는 사람들의 발길은 끊이지 않고 있습니다. 그렇다면 이 시장 속 스타벅스는 스타벅스라서 잘되는 걸까요? 네, 맞습니다.

전통시장의 쇠퇴에 맞서 경동시장은 새로운 시도를 많이 해 왔습니다. 2019년경 만들어진 경동시장 청년몰은 소상공인 청년들을 지원하며 생긴 깔끔하고 현대적인 상점이었지만 큰 관심을 끌지는 못했습니다. 공공의 목적으로 청년을 지원하면서 시장을 되살리려는 기획은 소비자들의 외면을 받았는데, 그랬던 경동시장에 스타벅스가 생기면서 소비자 유입 자체에 큰 변화가 일어났습니다. 결국 스타벅스라는 브랜드 파워와 경동극장의 리뉴얼이라는 공간적 감성이 더해져 소비자들의 발길을 이끄는 강력한 콘텐츠가 된 것입니다. 모든 시장이 이처럼 스타벅스를 유치해야 되살아날 수 있는 걸까요? 그렇지는 않을 겁니다. 대신 경동시장이 스타벅스를 입점시킨 과정에서 착안해 다른 임차인을 유치하는 전략을 세우는 것은 어떨까요? 스타벅스 경동시장점을 통해 도출할 수 있는 방법은 총 두 가지가 있습니다.

첫 번째, 수요와 공급을 재정의합니다. 전통시장은 스타벅스처럼 유명하거나 유동 인구가 많은 상권을 찾는 브랜드에게는 어울리지 않는 장소입니다. 즉 임차인 브랜드의 입장에서 전통시장에 대한 수요가 낮은 것이죠. 하지만 공급의 관점에서는 어떨까요? 시장이라는 장소는 절대적인 모든 상권 대비 공급이 한정적입니다. 따라서 희소한 공급성으로 오히려 특별한 장소로 인식시킬 수 있는 것입니다. 쉽게 설명하면 2019~2020년의 '아마존 호미 돌풍'을 예로 들 수 있습니다. 국내 시장에서 호미는 일반적인 제품으로 수요가 특별히 높지 않습니다. 하지만 해외 시장에서 호미는 유니크한 제품으로 공급이 낮죠. 그로 인해 경북 영주의 영주대장간에서 만들어진 호미는 아마존 원예 관련 판매 상위권에 올랐습니다. 이때 중요한 것은 공급의 관점에서 희소하다는 것을 소비자들에게 알릴 방법을 찾는 것입니다. 호미가 아마존을 만나 돌풍을 일으킨 것처럼 말이죠. 경동시장은 이 방법으로 경동극장에서 광고와 TV 촬영을 진행했습니다. 패션 플랫폼 무신사의 쇼케이스 촬영을 진행한 것인데요. 넓은 공간에 거칠고 레트로한 분위기가 그대로 전달되어 소비자들에게 경동극장을 각인시켰습니다. 또한 OTT서비스 중 하나인 웨이브의 오리지널 예능 〈어바웃타임〉의 촬영도 진행했습니다. 이러한 꾸준한 시도가 있었기 때문에 경동시장 내 경동극장이라는 공간의 가능성을 일반 브랜드에게도 전달할 수 있었던 것이죠.

반면 브랜드의 입장에서도 수요와 공급을 재정의할 수 있다면, 선택지가 다양해질 수 있습니다. 어니언이 오래된 주택을 노출콘크리트 카페 공간으로 탈바꿈시켜 유행을 선도했듯이, 오래된 시장들의 고충을 안다면 그들의 가려운 곳을 긁어 줄 수 있는 게 바로 브랜드입니다. 젊은 층의 유입이 적고, 새롭게 탈바꿈하려는 니즈가 많은 우리네 시장들은 세련되고 트렌디한 카테고리 상품이 절실합니다. 그만큼 새로운 브랜드에 대한 수요가 높은 것이죠.

여러분이 브랜드를 운영하는 대표라면 시장의 브랜드 유치에 대한 넘쳐 나는 '수요' 측면과 더불어 시장이라는 공간의 '공급' 부족에 주목할 수 있어야 합니다. 이때 포인트는 바로 '부족한 공급'입니다. 시장을 아무도 시도하지 않는 기회의 장소이자 브랜드를 빛낼 수 있는 이색적인 공간으로 정의하는 순간, 시장은 그 어떤 공간보다 더 가치 있는 브랜드의 출발지가 될 수 있는 것입니다.
스타벅스의 입장을 한번 생각해 볼까요? 스타벅스는 하루에도 수백 개의 점포 출점 제안을 받는다고 합니다. 그만큼 모든 건물주의 One and Only(오직 하나뿐인) 브랜드입니다. 스타벅스에서 경동시장을 고려하고 실제 출점하는 과정이 간단했을까요? 지금이야 다른 곳에서 볼 수 없는 유일무이한 스타벅스 매장이 되었지만 그 의사결정 과정은 분명 쉽지 않았을 것입니다. 시장이라는 낮은 접근성을 타개하는 것이 큰 과제였겠죠. 완성된 결과물만 보고 '나도 시장에 카페를 해야지'라는 생각을 하면 안 됩니다. 그 과정의 어려움을 충분히 이해하면서 대신, 시장 혹은 그 밖의 다른 공간에 대해서도 '공급의 부족'이라는 가능성을 발견할 수 있어야 합니다.

두 번째, 관대한 조건 협의입니다. 경동시장 내 입점한 스타벅스의 임대차 조건을 정확히 알기는 어렵습니다. 하지만 등기부 등본을 통해 어떠한 저당권을 설정했는지 정도는 찾아볼 수 있죠. 그 이유는 스타벅스와 같은 대기업류의 브랜드가 건물에 임대차 계약을 맺을 때 지불하는 보증금에 대한 안전장치를 마련하기 때문입니다(물론 영세한 브랜드도 가능합니다).
스타벅스가 입점해 있는 제기동의 토지 및 건물 등기부 등본을 살펴보았습니다. 하지만 등기부 등본상 갑구, 을구 어떤 곳에도 스타벅스와 관련된 저당권 설정 내용을 알 수 없었고, 대신 '건물' 등기부 등본에서 주식회사 이마트에서 전세권 6천만 원을 설정한 것을 알 수 있었습니다. 신세계그룹의 이마트는 2021년 7월 미국 본사가 매각한 스타벅스코리아의 지분을 사들이며 최대 주주가 되었습니다. 따라서 이마트에서 스타벅스를 대신해서 전세권 설정을 했나 생각했지만 이마트가 경동시장에 전세권 설정을 한 기간은 2017년부터 2022년까지로 노브랜드 입점 시 지급한 6천만 원의 보증금에 대한 전세권 설정으로 보입니다. 따라서 스타벅스는 경동시장에 입점을 하면서 어떠한 권리 설정도 하지 않은 것을 알 수 있습니다. 스타벅스 경동시장점은 보증금을 지불하지 않았거나 권리 설정을 하지 않아도 될 정도로 작은 금액을 지불했을 가능성이 있습니다. 물론 권리 설정 자체를 단순히 안 했을 수도 있지만, 대기업의 특성상 보증금 지급을 했는데 권리 설정을 안 했다면 다른 협조가 있었을 수도 있습니다. 실제 몇몇 기사를 살펴보면 경동시장에서 먼저 입점 제안을 했다고 하니 원만한 협조가 있었을 것으로 예상되기도 합니다. 결국, 시장에 스타벅스 혹은 그와 유사한 브랜드를 유치하기 위해서는 보증금의 권리 설정과 같은 협의에 있어서도 관대함이 필요하다는 것을 알 수 있습니다.

좋은 건물은 가려져 있는 법

경동시장에 스타벅스를 생각하고 유치할 수 있다면, 사실 어떠한 브랜드도 유치할 수 있다고 생각합니다. 게임으로 치면 끝판왕인 스타벅스를 유치하기 위해 경동극장이 갖고 있는 장점을 부각시켰고 관대한 조건으로 원활한 협의를 이끌어 낼 수 있었습니다. 이는 전국의 다른 시장에서도 시도할 수 있는 방안이며, 비단 시장뿐만 아니라 불리한 입지에 위치한 토지나 건물에도 적용할 수 있는 방법입니다. 따라서 부동산적으로 갖고 태어난 입지나 환경에 불만을 갖기보다 호미의 돌풍을 일으키듯 새로운 바람을 일으키는 열린 마음의 자세가 더욱 중요합니다. 스타벅스 경동시장점을 보고 또 다른 시장에 스타벅스를 유치하겠다는 시도는 사실 성공 가능성이 낮습니다. 대부분의 벤치마킹 사례가 좋은 결과를 내지 못하는 것과 비슷한 이치입니다. 남이 한 것을 그대로 답습하려고 해도 스타벅스에서 니즈가 없을뿐더러, 차별화된 포인트 없이 따라만 하는 행위는 식상함만 남길 뿐이죠. 따라서 스타벅스 경동시장점의 사례를 참고하되 응용하는 자세가 필요하다고 하겠습니다.

브랜드라면, 그리고 크든 작든 내 브랜드를 운영하고 싶은 사람이라면 건물주, 토지주의 입장을 이해할 수 있어야 합니다. 모든 브랜드가 탐내는 좋은 장소는 그만큼 경쟁이 치열하고 값비싼 비용을 지불할 수밖에 없습니다. 나무로 치면 다 자라서 사람 키의 몇 배나 되는 나무는 그만큼 비싼 비용을 지불해야 합니다. 하지만 좋은 종자의 수목을 어릴 때부터 키운다면 어떨까요? 보다 저렴한 비용으로 구매할 수도 있고 심지어 원하는 모양으로도 만들 수 있죠. 좋은 건물은 베일에 가려져 있는 법입니다. 이때 좋은 건물이라 함은 처음 브랜드를 시작하는 사람 모두가 좋아할 만한 저렴한 임대료와 브랜드를 잘 보여 줄 수 있는 공간의 형태, 입지적 이점 등이 있겠습니다. 하지만 누구나 지나가면서 볼 수 있는 곳은 이미 누군가 사용하고 있을 확률이 높습니다. 우리가 찾아야 될 좋은 종자는 골목 구석의 어딘가에 숨어 있을 가능성이 높고, 결국 두 발로 직접 가 보는 방법이 가장 최선인 것입니다.

경동시장이 경동극장을 스타벅스로 바꾸지 않았다면 아마 계속해서 오래된 시장 중 하나로 인식되었을 것입니다. 하지만 대표적 유명 브랜드인 스타벅스가 60년 된 극장을 새롭게 리뉴얼해 재탄생시키는 순간, 경동극장은 오래된 것을 넘어선 특별한 공간으로 자리매김할 수 있게 되었습니다. 이 과정에서 경동시장의 끈질긴 노력이 있었음은 물론이고, 스타벅스라는 브랜드도 경동극장이라는 공간을 누구보다 잘 활용하기 위해 레이아웃, 동선 배치, 메뉴 개발 등 각고의 노력이 필요했을 것입니다. 결코 하나의 주체가 노력한 결과물이 아닌 것이죠. 결국 오래된 시장이 좋은 브랜드를 만나 빈티지 스페이스가 된 것입니다.

TIP BOX

브랜드와 부동산의 상관관계

스타벅스 경동1960점

스타벅스는 누구나 다 아는 커피 브랜드입니다. 스타벅스에서 경동시장을 선택한 것은 시장 측의 노력이 가장 컸겠지만, 시장 속 경동극장의 부동산적 요소에서 빈티지 스페이스의 가능성을 발견했기 때문에 가능했습니다. 낡고 오래된 극장의 레이아웃을 활용해 기존에 볼 수 없던 고객 동선과 카페 공간 연출 기회를 발견했기 때문에, 스타벅스 경동1960점이 탄생할 수 있었습니다.

지도 속 A는 스타벅스 경동1960점을 표기한 것이다. 1~4까지는 스타벅스 인근 건물의 거래 사례를 표기한 것이다. 브랜드의 영향도를 파악하려면 유사 사례를 찾아야 하지만 실제 인근에 유사 비교 사례가 드물어 브랜드 입점 후 거래된 건물 정보로 대신했다. 스타벅스 경동1960점은 시장 내에 위치해 있고 타 사례는 그와는 입지적으로 다르므로 브랜드의 영향도를 파악하기란 어려움이 있다. 또한 건물의 연면적, 연식 등에 따라 금액의 차이가 크다는 점을 밝혀 둔다.

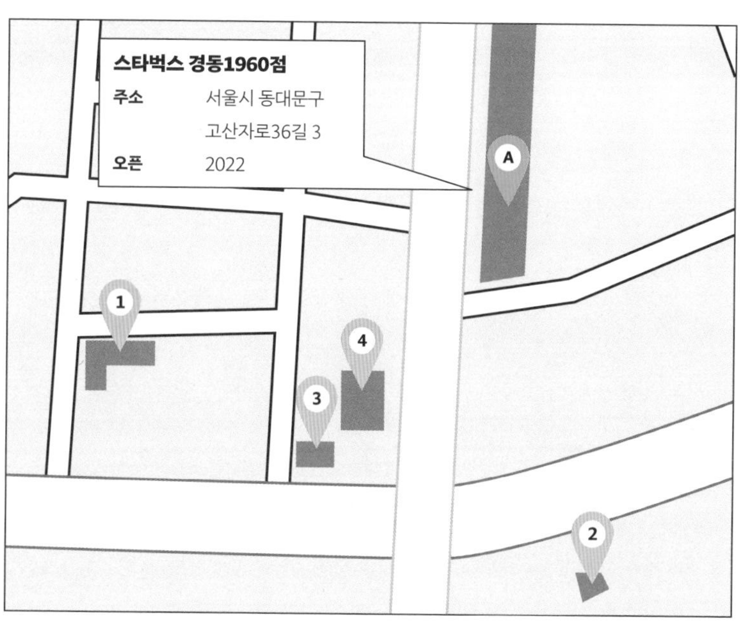

- 출처: 자체 조사, 네이버부동산, Disco, 밸류맵, 서울시 상권분석서비스 | 단위: 만 원
- 위 지도에서 각 부동산 면적의 크기는 위치 비교를 위해 실제보다 크게 표기했다.

업에 맞는 공간을
선택하는 법

잠봉뵈르를 알린 브랜드

초등학생 때 점심시간, 도시락 반찬으로 계란 옷을 입은 햄이 있으면 그날의 인기인이 될 수 있었습니다(도시락을 들고 다닌 연령대만 공감이 가능하겠지요). 어른들에게도 햄이나 소시지는 맛있는 반찬 중 하나입니다. 저는 해외여행을 가면 각국의 시장을 방문하는 편인데, 특히 독일이나 스페인 등 유럽의 시장에서 보았던 정육점은 31가지 아이스크림 가게에서 느꼈던 선택의 어려움을 불러일으켰습니다. 다양한 부위, 종류별 육가공 식품은 맛을 알지 못하더라도 충만한 볼거리를 제공했지요.

언제부터인가 국내에서도 유럽의 정육점처럼 다양한 육가공 식품을 판매하는 곳들이 늘어났습니다. 일명 샤퀴테리(charcuterie)라는 육가공품에는 잠봉, 하몽, 프로슈토, 햄, 소시지 등이 있습니다. 그중 잠봉(jambon)은 돼지 뒷다리살을 통째로 익혀 만든 햄으로 여러 부위의 잔여물을 분쇄하여 프레스한 일반적인 햄과는 달리 지방이 적어 고단백 저지방 음식으로 인기가 많습니다. 프랑스에서는 차가운 상태의 잠봉과 뵈르(beurre, 버터), 에멘탈 치즈를 바게트로 감싼 잠봉뵈르 샌드위치를 많이 먹습니다. 국내에서 이 잠봉뵈르 샌드위치로 유명세를 떨친 브랜드가 바로 소금집델리입니다.

음악가들이 만드는 샤퀴테리

소금집델리는 잠봉, 살라미, 훈제 베이컨, 관찰레 등 이름만 들어도 이국적인 다양한 육가공 제품들을 온라인 사이트 '소금집'으로 먼저 선보였습니다. 그리고 고객들과 직접 접점을 갖고 오프라인에서 음식을 선보이기 위해 2018년경 망원동에 작은 매장을 오픈했습니다. 당시 국내에서 쉽게 볼 수 없었던 이국적이고 신선한 재료와 메뉴로 많은 소비자들의 관심과 사랑을 받게 되었습니다. 밴드 '모노반'을 운영하는 두 대표가 만든 소금집델리 망원점은 소위 대박을 터뜨리게 됩니다. 당시만 해도 샤퀴테리라는 용어가 국내에 흔하지 않았고 와인 안주 정도로만 접하던 마른 햄(?)을 유럽인들이 즐겨 먹는 다양한 방식의 메뉴로 선보이며 신선한 자극을 제공했습니다. 앞서 소개한 브랜드 땡스오트에서 언급한 초두효과가 잘 적용된 사례이기도 합니다. 샤퀴테리, 잠봉뵈르와 같은 생소한 메뉴 카테고리의 상징성을 소금집델리가 선점한 것이죠. 작지만 유럽 정육점처럼 거칠면서 자유분방한 내부 분위기도 방문하는 사람들에게 즐거움을 주기 충분했고요. 최근에야 샤퀴테리, 육가공을 활용한 다양한 음식을 선보이는 식당이 많이 있습니다. 하지만 소금집은 공장을 만들어 고품질의 샤퀴테리를 직접 생산했습니다. 양보다는 질에 더 집중한 결과라는 것을 알 수 있지요.

음식점을 운영할 때 1, 2호점이 잘되면 그 후로는 더 적극적으로 매장 오픈에 힘을 쓰게 됩니다(흔히 동네에서 보이는 가맹점, 프랜차이즈 식당이 그런 곳들이죠). 하지만 무분별한 확장으로 외향적 매출 볼륨은 늘어나 보일 수 있지만, 많아진 직원 관리나 메뉴 맛의 유지 또한 함께 컨트롤이 되어야 하는데, 매장 수를 늘리는 데 급급하면 그런 부분은 놓치기가 쉽죠. 소금집델리는 적극적 확장보다 적극적 관리에 집중했습니다. 음식 메뉴의 퀄리티를 유지하기 위해 공장을 신설했고 맛의 퀄리티를 유지하면서 육가공 업계의 단거리 주자가 아닌 장거리 주자로 자리매김한 것입니다.

음악가가 만든 샤퀴테리라는 이색적이고 자유분방한 감성이 매장의 공간에도 잘 녹아 있습니다. 오픈 키친 형태로 분주하게 움직이는 주방이 홀 테이블에서도 온전히 보이는데, 수십 가지가 넘는 다양한 육가공 제품들이 쇼케이스부터 냉장고를 가득 채워 시각적 만족감을 제공합니다. 또한 건조를 위해 천장에 걸려 있는 가공육은 유럽의 시장에 온 듯한 착각을 불러일으킵니다.

낡은 반지하를 브랜드가 활용하는 법

소금집델리 망원점은 골목의 한 건물 2층에 위치해 있습니다. 일반적인 2층이라기에는 다소 높이가 낮아 1.5층 정도 되어 보입니다. 앞서 컨플릭트스토어 사례에서 본 1980년대에 많이 만들어진 반지하가 있는 구조의 오래된 주택 건물임을 알 수 있습니다.

본 건물의 원래 모습은 전형적인 주택 구조였습니다. 2017년 5월에 이 모 씨가 본 주택을 매수했고 2018년 2월에 15.6억 원의 근저당을 설정하게 됩니다. 그리고 2018년 3월 증축, 대수선, 용도 변경의 과정을 거치게 되는데요. 지하 1층~지상 2층으로 표기되었던 것이 지상

소금집델리 망원점 건물의 과거와 현재 비교. 오른쪽이 증축, 대수선, 용도 변경 등을 한 이후의 모습 | 출처: 카카오맵(https://kko.to/HqPHkOkyky)

1층~지상 3층으로 층수 명칭이 변경되었습니다. 본래의 지하 1층 주택은 지상 1층 제2종 근린 생활 시설(일반 음식점)으로, 지상 1층 주택은 지상 2층 제2종 근린 생활 시설(일반 음식점)으로 용도가 바뀌게 되었습니다. 그리고 지상 1층부터 지상 3층까지 각 층별로 면적도 증축하게 되죠. 그 과정에서 대수선을 하게 되는데요. 지상 1층부터 지상 2층까지 내력벽[◆] 22.28㎡를 해제하게 됩니다. 내력벽을 해제하는 대신 기둥 12개, 보[◆◆] 14개를 증설하는 공사를 진행했습니다. 그리고 지금의 모습을 갖게 되었습니다. 외관을 살펴보면 대지 면보다 레벨이 약간 낮은 지상 1층과 계단으로 접근이 가능한 2층의 경우 H빔(건물 뼈대인 거대한 강철 기둥) 철제 구조를 세워 일부 영역을 셋백시켰습니

◆ 내력벽은 지붕이나 바닥의 하중을 아래로 전달하는 역할을 하는 즉, 상부 하중을 지탱해 주는 벽을 뜻합니다. 철근콘크리트로 된 벽이나 벽돌, 블록 등으로 된 저층 연립 주택 등의 벽돌벽을 주로 내력벽이라고 합니다.

◆◆ 보는 기둥 위에서 슬래브를 지탱해 주는 수평 구조재입니다.

다. 모든 지상 1층, 지상 2층의 파사드 면을 건축선에 맞추는 것이 아니라 약간의 공간적 여유를 두어 건물 뼈대의 일부가 보이는 효과를 가져왔는데요. 그러면서 자연스럽게 계단에서 사람들이 오르락내리락하는 모습을 볼 수 있고 소금집델리 매장 앞에서 웨이팅을 하는 소비자들의 모습 또한 멀리서 인지할 수 있게 되었습니다.

소금집델리 매장은 지상 2층의 약 17평 정도 되는 공간에 있습니다. 이렇게 작은 면적의 공간에서 음식점을 운영한다면 소비자들의 웨이팅을 보다 가시적으로 잘 보여 줄 수 있습니다. 50평 매장을 운영하는 것보다 좌석 수가 적고 수용할 수 있는 인원이 한정적이기 때문에, 만약 장사가 잘되는 음식점이라면 보다 많은 사람들이 자연스럽게 웨이팅을 하게 되는 것이죠. 여러분이 잘 모르는 동네를 걷고 있다고 가정해 봅시다. 허기가 져서 음식점을 가려고 하는데 지나가다 발견한 매장 내부에 손님이 조금 있지만 웨이팅이 없는 곳이랑, 매장 내부에 손님도 있는데 건물 외부 계단에 사람들이 줄을 서 있다면 어떤 곳에 관심이 먼저 갈까요? 줄을 서 있는 음식점에서 어떤 메뉴를 선보이는지 정도는 궁금해서 확인하지 않을까요? 결국, 무조건 넓은 평수의 공간을 부러워할 게 아니라 작은 평수의 공간이라도 어떻게 활용하느냐가 더 중요한 법입니다.

맞는 옷을 입자

반지하가 있는 주택 구조는 길거리에서 흔히 볼 수 있는 주거 형

소금집델리 매장 내부 모습 | 출처: 소금집

태입니다. 과거 방공호 역할을 하기 위해 권장되던 구조의 건물이기도 합니다. 이곳은 소유권이 바뀌면서 건물의 용도가 바뀌게 되었습니다. 본래의 주거 시설에서 상업 시설로 바뀐 것이죠. 그 과정에서 외부와 내부를 연결 짓는 계단을 외부에 배치했고 그만큼 건축물 내의 영역을 외부로 노출시켰습니다. 작은 바닥 면적이지만 외부에 일부를 할애하면서 소비자와 공간의 접점을 늘릴 수 있게 되었습니다.

오래된 주택 건물을 보유하고 있는 건물주라면 소금집델리처럼 건물을 활성화시켜 주는 브랜드 매장에 관심을 가질 수밖에 없습니다. 브랜드 하나가 건물, 부동산에 미치는 영향은 생각보다 크기 때문입니다. '우리 건물에 들어와 주세요'라는 일방적인 구애는 소위 잘나가는 브랜드에 먹히지 않는 법입니다. 전국에 낡고 오래된 건물은 많고 잘되는 브랜드는 이와는 반대로 소수이기 때문이죠. 모든 건물에 스타벅스와 같은 대기업이 어울리는 건 아닙니다. 소금집델리처럼 작은 브랜드가 어울리는 장소도 있는 것이죠. 브랜드의 크기에 따라 그에 걸맞은 부동산도 있는 법입니다.

스타벅스가 선호하는 입지와 소금집델리가 선호하는 입지가 같을까요? 물론 누가 보기에도 좋은 입지는 두 브랜드 모두 선호하겠죠. 하지만 두 브랜드가 갈 수 있는, 즉 입점할 수 있는 부동산 위치가 같을까요? 결코 같을 수 없습니다. 방문하는 사람이 다르고 소비하는 제품이 다르며 지불할 수 있는 임대료 또한 다릅니다.

건물주의 관점과 브랜드의 관점의 차이가 발생되는 가장 큰 원인은 바로 '시점의 차이'입니다. 건물을 매입해서 신축하거나 리모델링하는 기간이 최소 6개월에서 1년, 길게는 2~3년까지 걸린다면, 임차인이 인테리어 공사를 하는 기간은 길어도 6개월 이내면 대부분 가능하기 때문이죠. 따라서 의사결정을 내리는 시점의 차이가 발생하게 됩니다. 건물주는 신축 혹은 리모델링을 하기 위해서 건물을 사용할 수 있는 시점에서 최소 6개월에서 1~2년 전에는 대략적인 계획을 세워야 합니다. 반면에 브랜드의 입장에서는 그렇게 이른 시점에 의사결정을 하기가 어렵습니다. 심지어 건물이 어떻게 바뀔지, 어떻게 지어질지 가늠되지 않는 상황에서 브랜드의 쇼룸, 매장 위치를 확정 짓는 것은 결코 쉬운 일이 아닙니다. 하지만 오히려 이 '시점의 차이'를 잘 이해하고 있는 브랜드라면 건물주와의 좋은 협상을 이끌어 낼 수 있습니다.

예를 들어 볼까요? 만약 여러분이 어떤 옷을 만들어서 판매할 계획이라고 가정해 보죠. 아직 옷의 실물이 나오지는 않았지만 대략적인 스타일은 정해졌습니다. 하지만 실제 옷이 나오기까지는 시간이 소요됩니다. 실제 소비자는 옷을 직접 만져 보거나 입어 볼 수는 없는 상황인 거죠. 그때, 어떤 소비자가 옷을 구매하겠다고 말하면 어떨까요? 아직 세상 밖에 나오지 않은 옷을 구매한다니 일부 할인을 해 줄 수 있지 않을까요? 실제로 이런 방법이 '크라우드펀딩'에 사용됩니다. 시점의 차이를 활용해 빠른 시점에 구매하거나 대량으로 미리 구매하는 경우 그만큼의 혜택을 줄 수 있는 것이죠. 여러분이 브랜드를 운영하는 사람이라면 건물주의 마음을 잘 이해할 필요가 있습니다. 시점의 차이로 인해 발생하는 간극을 이해하고 수긍할 수 있다면 임대료 조건 협의를 통해 건물주에게 원하는 구조나 동선, 파사드 등을 제안해 볼 수 있습니다. 물론 마음이 잘 맞는 건물주를 만나야겠지만, 적어도 건물이 다 지어지기 전에 발 빠르게 여러 지역을 돌아다니면서 건물에 대한 스터디를 한다면 누구보다 먼저 좋은 건물주와 좋은 협상을 이끌어 낼 가능성이 높아지는 것이죠.

브랜드 인터뷰

소금집 장대원 대표

Q1. 망원동 1호점 공간은 어떻게 발견했는지?

2018년 초 당시 공방이었던 성산동을 중심으로 찾아봤는데, 직접 걸어 다니며 찾았습니다. 1.5층으로 들어가는 입구가 도로로 열려 있어 웰커밍(welcoming) 느낌을 주는 것이 마음에 들었습니다. 결정적으로 권리금이 없었고 월세의 부담이 적었어요. 막 대수선이 끝난 건물이라 내부 역시 어느 정도 정리되어 있어서 인테리어 비용 없이 집기만 가져다 놓아도 원하는 느낌이 나올 수 있을 것 같았습니다.

Q2. 이 공간을 브랜딩하기 위해 어떤 노력을 했는지?

예쁘게 꾸미는 부분을 최대한 배제하고 Raw material(원재료) 느낌을 살리고 싶었어요. 우리가 샤퀴테리를 직접 만드는 작업자들이라는 느낌을 주려 노력했습니다. 프랜차이즈 가게처럼 잘 정리된 느낌보다는, 유럽 도시 뒷골목에 타지인이 차린 공방 같은 느낌이요. 주방 설계부터 모든 부분을 업체에 맡기기보다 거의 혼자 진행하다 보니까 정말 힘들었던 기억이 납니다.

Q3. 1호점을 운영하면서 겪은 시행착오가 있다면?

배경지식 없이 음식업을 처음 하다 보니 모든 과정이 시행착오였습니다. 계약은 중개사에게 거의 맡겼어요. 작은 공방 단위에서야 두세 명 고용해서 작업해 봤지만, 서비스 업장에서의 인력 수급과 교육, 스케줄링은 전혀 다른 문제였어요. 처음에야 저와 공동 대표인 조지 더럼 그리고 공방에서 외식업 경험이 있던 알렉스 등 일단 할 수 있는 크루들이 모여서 시작했지만, 업장이 바빠지면서 여러 가지 경로를 통해 리크루트하는 게 쉽지 않았습니다. 사람 보는 안목도 초보 수준이었고요. 그리고 델리를 준비하면서 다른 동료들의 반대에도 불구하고 잠봉뵈르라는 아이템은 꼭 해 보고 싶었어요. 그 메뉴 하나는 제가 고집을 부렸고 대신에 다른 메뉴 개발은 조지와 공방 팀에게 맡겼습니다. 전 일반 한국인 소비자의 입맛 역할을 주로 담당했고요.

Q4. 1호점이 지금의 브랜드를 만들기까지 어떤 역할을 했는지?

망원점은 소금집의 미래 사업 방향에 큰 전환점이 되었어요. 10평 남짓한 작은 공간에서 샤퀴테리를 만들고 인터넷으로 판매하면서 시작한 소금집을 샌드위치라는 카테고리로 많은 사람한테 알려 주고, 외식업으로서의 확장 기회를 마련해 주었습니다.

Q5. 미래의 브랜드 대표에게 해 주고 싶은 이야기는?

제가 그랬듯이 정말 걱정도 많고 생각도 많으실 거예요. 그 치열한 걱정과 생각들이 좋은 아이디어, 애티튜드, 브랜드를 만들어 가는 과정이라 생각합니다.

TIP BOX

브랜드와 부동산의 상관관계

소금집델리 망원점

국내 샤퀴테리의 대중화를 이끈 소금집델리는 리모델링을 통해 부동산적으로 시설 개선이 된 오래된 주택을 선택했습니다. 협소한 매장 공간, 1.5층이라는 불리한 위치를 잘 활용했죠. 방문하는 고객들은 샤퀴테리라는 다소 이색적인 음식을 쾌적한 환경에서 즐길 수 있습니다.

뷰포인트	접근성	가시성	공간감	차별성
★☆☆☆☆	★★★☆☆	★★☆☆☆	★★★☆☆	★★☆☆☆

지도 속 A는 소금집델리 망원점을 표기한 것이다. 1~4까지는 소금집델리 인근 건물의 거래 사례를 표기한 것이다. 사례 기준은 소금집델리가 입점한 이후 사례를 우선으로 인근에 위치해 있으면서 브랜드가 입점된 건물과 유사한 건물 면적이거나 토지 면적을 기준으로 선정했다. 모든 입지가 같을 수 없으므로 시기적으로 연면적 평당, 토지 평당 가격이 연도별·위치별로 어떻게 달라졌는지 보기 위한 데이터이다.

- 출처: 자체 조사, 네이버부동산, Disco, 밸류맵, 서울시 상권분석서비스 | 단위: 만 원
- 위 지도에서 각 부동산 면적의 크기는 위치 비교를 위해 실제보다 크게 표기했다.

50년 하차장의 재발견

비워 낸 공간의 미학

서울 용산구 한남동 길가를 걷다 보면 하얀 건물 하나가 눈에 띕니다. 건물 외벽에 작게 'MO-NO-HA'라고 쓰여 있고 겉으로 봐서는 무엇을 하는 곳인지 알기 힘든 공간입니다. 모노하를 설명하기 전에 잠깐 미술사적 배경에 대해 들려드리겠습니다(그리 따분하지는 않을 겁니다). 모노하는 1960년대 말부터 1970년대 초에 나타난 일본의 예술 사조 중 하나로, '모노'는 일본어로 物[물] 즉 물건, 물체라는 뜻이고 '하'는 갈래를 뜻하는 派[파]입니다. 물체에 대한 관점에서 시작한 모노하는 인공을 추구하지 않고 일상에서 흔히 보이는 소재를 사용하는데요. 돌이나 흙, 유리처럼 많은 가공을 거치지 않은 자연스러운 소재를 사용해 사물 본연의 존재 의미를 부여하고 사물과 공간, 인간의 관계를 다시 생각하게 합니다. 우리나라에서는 이우환 작가가 모노하를 이끌었습니다.

사물을 있는 그대로 놓아 두는 모노하. 생각보다 친숙하다는 생각이 들지 않으신가요? 유명한 카페나 공간을 방문하면 모래나 자갈 위에 돌, 오브제 등이 올라가 있는 디스플레이를 쉽게 볼 수 있습니다. 일반 음식점에 가더라도 매장 한 켠에 모래를 쌓아 두고 제각각의 오브제를 올려 둔 인테리어가 많습니다. 이러한 공간적 디스플레이도 모노하가 추구하는 바를 일부 차용했다고 할 수 있겠습니다.

모노하를 설립한 주은주 대표는 과거 압구정의 핫플레이스였던 페이퍼가든이라는 레스토랑과 편집 숍을 함께 운영했고 동대문에서 토크

서비스라는 브랜드를 론칭해 국내 신진 디자이너로도 유명세를 떨쳤습니다. 레스토랑부터 편집 숍 그리고 패션 브랜드까지 여러 경험을 토대로 현재의 정제되고 완성도 높은 모노하라는 브랜드를 만들었다는 것을 알 수 있습니다.

모노하는 감각적인 리빙 소품을 판매하는 라이프 스타일 편집 숍입니다. 한남점을 방문하면 모노하의 비워 냄을 몸소 느낄 수 있습니다. 매장으로 향하는 길에 빼곡하지 않게 심어진 마당의 조경이 마음에 안식을 줍니다. 매장 내부는 마치 일본의 한 편집 숍에 와 있는 듯한 착각을 불러일으킵니다. 이곳은 독일에서 건축을 공부한 일본인 건축가 마키시 나미가 공간 설계를 맡았습니다. 마키시 나미는 디앤디파트먼트 오키나와 스탠다드의 공동 대표이고 루프트 워크라는 디자인 스튜디오를 운영하며 가구, 디자인, 사진, 조소 등 다양한 분야에서 활동하고 있습니다. 섬세한 디테일과 높은 완성도가 강점인 이 공간 디자이너가 꾸민 모노하 한남은 한국적 정서를 반영하기 위해 바닥에 보일러를 설치하고 위에 따뜻한 색감의 원목을 덮었습니다. 이곳에 들어서면 왠지 모르게 느껴지는 포근한 분위기는 밝은 색감과 보일러에서 나오는 훈훈함 때문인지도 모르겠습니다.

모노하 한남 입구로 가는 길 | 직접 촬영

모노하 한남 매장 내부 | 직접 촬영

하차장이 사라지자 파사드가 드러났다

현재 모노하로 사용되는 건물은 1976년에 사용 승인이 난 이래 약 50년의 시간을 견딘 철근콘크리트 구조의 건물입니다. 1층에 자리 잡고 있던 기계 제작소는 수십 년간 같은 장소를 이용하고 있었고 바로 옆으로는 철강 하차장으로 사용되던 부지가 있었습니다. 건물 바로 옆에 철강 하차장이 붙어 있어서 오래된 건물과 함께 공업사나 공장 같은 어두운 분위기가 지속되기도 했습니다.

이곳은 개인 소유의 토지였는데 2014년 초에 주식회사 만강건설피에프브이에 소유권이 이전되었습니다. 그 후 몇 년 동안 공터로 유지되다가 2017년 기부 채납이 되어 도로 공사가 진행되었고 일반 도로로 바뀌게 되었습니다. 기부 채납이란 국가나 지방 자치 단체가 기반 시설 확충을 위해 사업 시행자로부터 재산을 무상으로 받아들이는 일을 말합니다. 쉽게 설명해 내 땅 일부를 공공 단체에 기부하거나 새로 짓는 건물에 공공을 위한 시설물을 만들어서 건물을 더 넓거나 높게 지을 수 있는 인센티브를 받기 위해 기부 채납을 합니다. 토지주는 사업 토지가 포함된 지구 단위 계획 구역(정비 구역) 내에서 공공시설 등을 공공에 설치, 제공하고 용적률을 완화받는 개념으로 건축물 및 현금 등 다양한 방식의 합리적인 공공 기여를 실현하면서 민간 개발을 활성화하여 도시 발전을 촉진시키는 목적을 갖고 있습니다. 주식회사 만강건설피에프브이 즉, 건물을 개발하기 위해 만든 PFV(Project

모노하 한남 건물의 과거(상)와 현재(하) 모습. 건물 옆에 있던 하차장이 사라지고 도로가 생겼다 | 출처: 카카오맵(https://kko.to/eKqEyDuuMV)

Financing Vehicle)* 에서 용적률 완화 등 부동산 개발에 도움이 되는 인센티브를 얻기 위해 해당 토지를 기부 채납한 것이죠.

기부 채납을 통해 도로가 생기자 본 건물의 가치 또한 바뀌게 되었습니다. 바로 파사드가 넓어진 것입니다. 건물은 누군가에 의해 사용되어야만 그 가치를 발휘할 수 있으므로 눈에 잘 띄는 얼굴, 즉 파사드를 가지는 게 중요합니다. 건물이 대로변에 위치하느냐 혹은 코너에 위치하느냐에 따라 그 활용도가 천차만별이죠. 모노하 건물은, 옆 부지의 부동산 개발로 인해 건물 바로 옆에 도로가 생겼고 자연스럽게 건물의 옆면 또한 대로변에서 가시성을 가질 수 있게 되었습니다. 본래 제조, 공장, 오피스 등으로 사용되던 건물 옆면이 노출되면서 보다 많은 사람들이 접근할 수 있는 다양한 시설로서의 가능성이 생긴 것이죠. 파사드가 넓어지니 그만큼 건물의 외관이 눈에 잘 들어오고, 판매를 목적으로 하는 브랜드의 경우 사람들의 눈에 쉽게 띄는 공간이 필요하니 이 부동산을 마음에 들어 하게 되는 것입니다. 옆에 도로가 생긴 후 2018년경, 본 건물의 소유권 이전이 이루어집니다. 앞서 말한 주은주 대표가 본 건물을 취득하게 된 것이죠.

* PFV는 부동산 개발 사업을 효율적으로 추진하기 위해 설립하는 서류 형태의 회사입니다. 금융 기관과 프로젝트 참여 기업으로부터 자금, 현물을 받고 부동산의 관리 업무는 자산 관리자에게 위탁하는 구조입니다. PFV라는 법인 설립 시 법인세 및 취등록세 등을 감면받을 수 있어서 자금 유치에 용이하고 수익성도 높아 투자자들이 많이 사용하는 방법 중 하나입니다. 모노하 옆 부지도 PFV를 만들어 아파트(2024년 가을 준공 예정인 브라이튼 한남)를 개발하는 것이죠.

가능성을 발견하자

본래 이 건물은 낡은 철강 하차장을 끼고 있는 약 50년 정도 된 건물이었습니다. 한남동에 위치해 있지만 한남동의 메인 상권인 꼼데길(한강진역에서 이태원역으로 이어지는 이태원로를 일컫습니다)이나 그 이면 도로인 이태원로42길, 나인원한남 혹은 한남더힐 인근과는 거리가 있는 곳이기도 합니다. 하지만 주변 아파트 개발로 인해 인근의 토지주 소유권이 바뀌게 되고 이로 인해 발생된 기부 채납으로 새로운 길이 생겨 건물의 얼굴인 파사드가 더 잘 드러나게 되었습니다. 예전보다 건물이 눈에 뜨이게 되자 새로운 매수자가 등장해 건물을 매각할 수 있게 되었죠.

모노하 한남은 브랜드이자 건물주이기도 합니다. 즉, 입지를 선택할 때 두 가지 측면을 모두 고려할 필요가 있었습니다. 먼저 브랜드로서는 사람들의 방문 용이성이나 브랜드의 아이덴티티를 보여 주기에 용이한가를 생각해야 되고, 건물주의 입장에서는 부동산 가치가 지속적으로 오를 것인가를 고민해야 됩니다. 지금이야 한남동은 서울의 중심지이고 인근의 재개발 호재나 바로 옆의 주거 시설 개발 등 많은 이슈가 있지만 과연 원래 건물을 보고 지금의 모노하를 떠올릴 수 있는 사람이 얼마나 될까요? 브랜드를 운영하는 사람이 모노하 한남과 같은 건물을 발견할 수 있다면 굉장한 식견이 있는 게 분명합니다. 실제로 모노하 한남은 건물 외관에는 큰 공사를 하지 않았습니다. 건축물 대장상 용도 변경이나 건축물의 변경에 따른 이력이 없으므로 면적이나 구조 변경, 개구부 등이 달라진 점이 없다는 것이죠. 건물 외관이나 보수 수리 등으로 별도의 신고나 허가 절차 없이 지금의 모노하 한남을 탄생시켰습니다. 외벽에 하얀 페인트를 칠했지만 세월의 흔적을 군데군데 찾아볼 수 있어 오래된 도자기 백자 같은 느낌입니다. 그만큼 최대한의 보존으로 최대의 퍼포먼스를 낸 공간이라는 것을 알 수 있습니다.

건물의 외관이 허름하더라도, 바로 옆에 낡은 하차장이 있어서 어수선한 분위기일지라도, 때마침 좋은 개발로 인해 건물의 새로운 파사드가 생겼을 때, 그 가능성을 발견해 브랜드의 쇼룸으로 활용할 수 있으려면, 결국 지역에 대한 관심과 애정 어린 시선이 중요한 법입니다. 남들보다 조금 더 알 때 가능성도 더 빨리 알아볼 수 있는 법입니다.

TIP BOX

브랜드와 부동산의 상관관계

모노하 한남

오래된 건물을 최소한의 공사로 하얀 백자와 같은 공간으로 연출했습니다. 인근의 개발로 인해 기존에 없던 건물의 새로운 파사드(얼굴)가 생겼고 브랜드의 쇼룸으로서 역할을 더 공고히 할 수 있게 되었습니다.

뷰포인트	접근성	가시성	공간감	차별성
★★☆☆☆	★★★☆☆	★★★★☆	★★★★☆	★★★☆☆

지도 속 A는 모노하 한남을 표기한 것이다. 1~4까지는 모노하 인근 건물의 거래 사례를 표기한 것이다. 사례 기준은 모노하가 입점한 이후 사례를 우선으로 인근에 위치해 있으면서 브랜드가 입점된 건물과 유사한 건물 면적이거나 토지 면적을 기준으로 선정했다. 모든 입지가 같을 수 없으므로 시기적으로 연면적 평당, 토지 평당 가격이 연도별·위치별로 어떻게 달라졌는지 보기 위한 데이터이다.

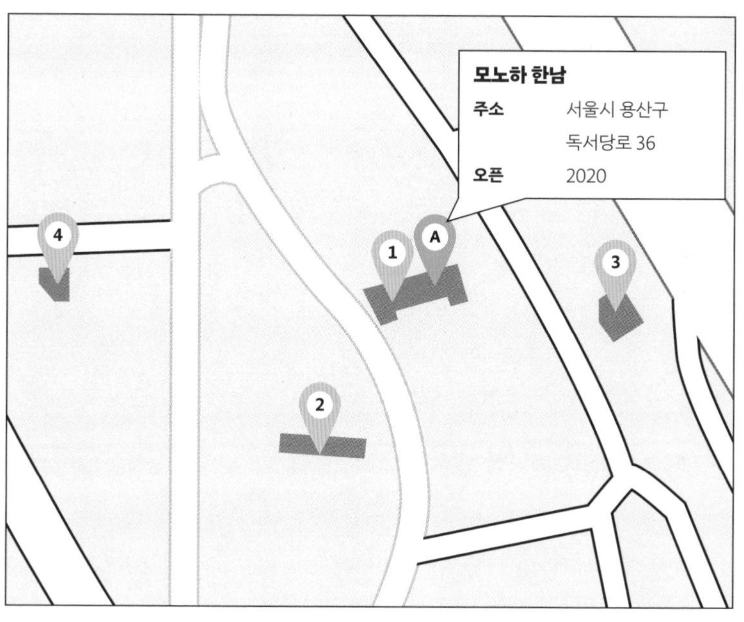

- 출처: 자체 조사, 네이버부동산, Disco, 밸류맵, 서울시 상권분석서비스 | 단위: 만 원
- 위 지도에서 각 부동산 면적의 크기는 위치 비교를 위해 실제보다 크게 표기했다.

철공소를
전시장으로

아케이드 서울

날카로운 공장의 추억

제 고향 울산에서는 어릴 적 학교에서 현대자동차나 현대중공업 공장으로 종종 견학을 갔습니다. 운동장만 한 배 위에서 용접을 하거나, 자동차 프레임을 움직이는 로봇을 조종하는 모습 등은 꽤나 신선한 자극이었습니다. 그중 기억에 가장 또렷이 남았던 것은 바로 공장의 모습이었는데요. 넓은 공간에 기둥 하나 없이 지붕으로만 비를 막아 주던 공장과 그 안에 펼쳐진 웅장한 철제 구조물의 조화는 강렬했습니다. 그 덕에 길을 잃어버려 울었던 적이 한두 번이 아니었습니다. 이런 경험이 있다 보니 서울에서 마주치는 공장에서 예전 추억에 잠기고는 합니다.

서울은 전국에서 경기도, 경상남도, 경상북도, 인천광역시 다음으로 등록 공장 수가 많다고 합니다. 그중에서 영등포구 문래동은 1960년대부터 철공 단지가 조성되었습니다. 일제 강점기 때 방직 공장으로 사용되던 곳들을 개조해 만든 공장들이 밀집해 있는 곳입니다. 골목마다 각양각색의 철공소, 철제 상가 등이 있다 보니 어둡고 음침한 분위기가 나던 동네이기도 했습니다. 하지만 몇 년 전부터 이곳에 다채로운 레스토랑과 판매점들이 생겨나면서 젊은 사람들이 많이 방문하게 되었고 낡은 공장 지역이라는 이미지에서 벗어나게 되었습니다.

공장들이 밀집한 지역이 새로운 트렌드와 만나면서 소비자들의 관심을 끄는 핫플레이스가 된 사례, 익숙하지 않나요? 바로 성수동입니다.

성수동은 과거 수제화 공장으로 유명했습니다. 구두의 가죽부터 굽 그리고 각종 부자재까지 구두와 관련된 모든 곳이 있는 수제화 공장

단지였으나 어느 순간부터 힙한 지역의 중심지가 되면서 각종 팝업 스토어와 브랜드의 플래그십 스토어 오픈 1순위가 되었습니다. 문래동도 이와 비슷한 순서를 겪고 있는데요. 각종 공장의 모습을 보존하면서 카페, 베이커리, 브런치 레스토랑, 맥주 전문점, 패션 및 소품 판매점, 전시장 등 다양한 시도가 만나면서 새롭고 이색적인 공간 경험을 제공하고 있습니다. 성수동, 문래동과 같은 공장 지역이 왜 사람들의 관심을 끄는 걸까요?

첫 번째로는 낡고 오래된 공간의 매력 때문입니다. 저는 이것을 앞서 얘기한 빈티지 스페이스라고 일컫겠습니다. 자연스럽게 낡고 해진 공간의 내외부 자재, 골조 등은 시간을 지나온 흔적을 고스란히 머금고 있습니다. 이런 공간을 경험하는 사람들은 세월의 이야기까지 알 수 있습니다.

두 번째는 노출의 힘입니다. 공장 건물의 특성상 장소의 외관이나 내부의 마감이 중요하지 않습니다. 공간 태생의 목적이 생산 제품의 제작 및 관리를 위함이므로 내부 기계, 설비 시설이 더 중요하고 공장의 외관은 이를 보호해 주는 바람막이 역할에 가깝습니다. 그렇다 보니 자연스럽게 모든 자재들은 마감이 덜 된 상태, 노출이 된 상태로 사용되는 경우가 많습니다. 같은 크기의 건물, 구조물일지라도 노출이 되어 있으냐 아니냐에 따라 우리가 느끼는 감정의 차이가 있는데요. 프랑스 파리의 에펠탑을 볼 때 느끼는 경외심은 거대한 철탑의 크기에 압도됨과 동시에 이를 지탱하고 있는 여러 구조물들이 한눈에 모두

들어오는 데서 옵니다. 수천 톤의 철제와 이를 연결하는 리벳들로 이뤄진 철탑 구조가 땅 위에 높게 치솟아 있는 사실이 신비롭게 느껴지는 것입니다.

세 번째는 오리지널리티의 조화입니다. 전통적이고 오래된 것에 새로운 문화가 잘 조화를 이루면 큰 시너지를 낼 수 있습니다. 수트나 드레스에 나이키 신발의 조합을 비슷한 예로 들 수 있겠습니다. 언제부터인가 유명 연예인이나 스타일 좋은 사람들이 수트나 원피스, 드레스 등 일종의 격식을 갖추는 옷과 스니커즈를 믹스앤매치(mix & match)하기 시작했습니다. 이제는 이런 스타일링이 자연스러워져 길에서도 흔히 볼 수 있는데요. 공장이라는 오리지널리티 강한 공간에 요즘 트렌드가 반영된 다양한 색감의 베이커리, 퓨전 레스토랑, 복합 문화 공간 등이 생겨나면서 새로운 조화를 보여 주고 있습니다. 과거의 오래된 폐공장에 펼쳐진 가장 최신의 트렌드가 이색적이면서 대비되는 효과를 가져오는 것이죠. 낡고 오래된 공장 내 노출되어 있는 갖가지 구조물로 이루어진 공간과 대조를 이루는 세련되고 모던한 자재, 그리고 트렌드를 반영한 콘텐츠의 경험이 '공장'이라는 장소를 더욱 부각시켜 줍니다. 그 덕분인지 영화 〈어벤져스〉의 촬영지로 문래동이 선택되기도 했죠. 이러한 매력에 힘입어 문래동에는 점차 다양한 공간들이 생겨나고 있는데요. 그중에서 새로운 전시를 큐레이팅하고 있는 복합 문화 공간이 있습니다.

투박한 철공소의 이색적인 변신

아케이드 서울은 문래동에 위치한 복합 문화 공간입니다. 아티스트 작가들과 협업을 통해 큐레이팅한 작가의 작품을 전시로 볼 수 있는데요. 국내에서는 잘 알려져 있지 않지만 확실한 실력을 겸비하고 마니아층이 있는 작가를 발굴합니다. 단순히 작가의 작품만을 전시장에 내걸지 않습니다. 아케이드 서울만의 주제(theme)를 설정하고 이를 소비자가 잘 경험할 수 있도록 고객의 동선이나 제품 제작을 함께 기획합니다. 작가는 자신이 잘하는 작품 활동에 집중하고, 아케이드 서울은 작가의 작품이 온전한 경험으로 느껴질 수 있도록 그 외 모든 요소를 구성하는 것이죠. 예를 들어, 매장 입구에서 가볍게 즐길 수 있는 웰컴 드링크와 핑거 푸드, 디저트를 주제에 부합하도록 기획하고 작가의 작품으로 구성된 제품(브로슈어, 포스터 등)을 제작합니다. 마치 한 명의 작가를 데뷔시키기 위해 A to Z를 하는 엔터테인먼트와 같은 역할을 하는 것입니다.

건물을 한번 살펴볼까요? 문래동 공장 지대에서 아케이드 서울의 하얀 외벽은 단연 이목을 끌기에 충분합니다. 문을 밀고 들어가면 박공지붕에서 따사로운 햇살이 내려옵니다. 슬로프*로 이어지는 2층과 그 옆에 마련된 작은 외부 공간은 오랜 시간 이곳을 지키고 있었을 푸른 나무와 인근 공장 시설의 조화로 이색적인 안정감을 주기도 합니다. 지금은 세련되고 독특한 전시 공간으로 활용되고 있지만 원래 아케이

* 슬로프는 영어로 경사도라는 뜻으로 계단 없이 비스듬하게 오를 수 있는 길을 뜻합니다. 계단과 다르게 걸음의 단절이 없고 일직선을 유지해 시각적으로도 하나의 공간처럼 느낄 수 있게 만드는 역할을 합니다.

드 서울이 위치한 곳은 각종 자재를 커팅하는 철공소였습니다. 대지는 약 99평으로 하나의 토지 위에 2개의 공장이 별도로 운영되던 장소였는데, 그중 한 곳이 아케이드 서울로 탈바꿈하게 되었습니다. 서로 친구인 두 사람이 하나의 필지를 나누어 각각 철공소를 운영했는데, 시간이 흘러 그분들의 자녀가 각각 가업을 물려받았습니다. 그러던 중 아케이드 서울이 이곳을 발견하게 되었고, 한 곳을 전시 공간으로 재탄생시키게 되었습니다. 철재가 부딪치는 요란한 소리 속에서 정적이고 고요한 전시를 만나는 이색적인 경험을 할 수 있게 된 것이죠.

이곳을 방문하면 가장 먼저 입구의 독특한 출입문에 두 눈이 쏠리게 됩니다. 어두운 색감의 문은 회전하는 형태로 날씨와 환경에 따라 외부와 내부를 자유자재로 연결 짓기도 하면서, 묵직한 재질감으로 공장 본래의 오리지널리티를 느낄 수도 있습니다. 내부로 시선을 돌리면 천장의 일부를 긴 창으로 만들어 완벽한 채광이 드는 스튜디오를 만들었습니다. 천장에서 비스듬히 들어오는 빛으로 인해 자연스럽게 작품에 음영이 생기고 본래 갖고 있는 작품에 생기를 불어넣는 효과를 가져오기도 합니다. 그리고 길게 뻗은 슬로프 형태의 진입로는 2층 구조로 공간을 확장시켰습니다. 대지 면적 약 50평 정도의 공간을 2층으로 나누면서 50+α의 면적 구획이 가능해졌습니다. 오르락내리락하는 즐거움은 덤이고요.

아케이드 서울의 외관과 출입문 I 출처: 아케이드 서울

햇살이 들어오는 아케이드 서울의 내부 모습 | 출처: 아케이드 서울

그리 크지 않은 전시 공간이지만 곳곳을 둘러보는 재미도 쏠쏠합니다. 슬로프를 따라 올라가면 건물 외부로 연결되는데 바로 옆에 위치한 공장과 대조적으로 푸른 녹음을 자랑하는 나무가 있습니다. 그리고 아케이드 서울을 만들면서 덧칠한 하얀색 페인트와 대조되는 낡은 슬레이트 지붕과 군데군데 해진 공장 외장재는 묘한 조화를 이루고 있습니다. 과거의 흔적을 공간 일부에서 느낄 수도 있지만 그 범주를 확연히 구분해 놓았습니다. 전시라는 공간 특성에 걸맞게 내부는 작품이 돋보일 수 있도록 컬러 배색이 돋보이는 바닥, 벽, 천장을 구성한 데 반해 외부로 연결되는 곳에서는 본래 공장의 분위기를 곳곳에서 느낄 수 있게 한 느슨한 연출이 돋보입니다.

레트로함이 묻어나는 아케이드 서울의 지붕 | 직접 촬영

무조건 임대료가 저렴하다고 좋을까?

아케이드 서울은 2호선 문래역 인근에 위치해 있습니다. 역에서 도보로 5분 정도의 거리로 대중교통 접근성이 용이하죠. 문래동의 상권이라 일컬어지는 지역의 경우, 보다 공장 지대 안쪽에 위치해 문래역과 신도림역 중앙에 위치해 있는 것과 차이점이 있습니다. 물론 2개의 지하철역에서 접근성이 용이하다면 이용객 편의성이 증가하겠지만 2개의 지하철역 중 하나만을 선택하더라도 공간의 활용성이 높다면 충분히 메리트를 가질 수 있습니다. 그렇다면 공간의 활용성은 어떤 기준으로 판단해야 될까요? 두 가지 질문을 통해서 활용성을 높일 방법을 모색해 볼 수 있습니다. 첫째, 임대료를 지불하기에 합리적인 가격대인가? 둘째, 내가 운영할 브랜드의 공간으로 적합한가? 결국 공간 속에서 브랜드를 잘 표현할 수 있는지, 지불하는 금액이 적당한지를 판단해야 됩니다.

먼저, 임대료가 합리적인지는 주변 상권과의 비교를 통해 분석해 볼 수 있습니다. 문래동 상권이라 불리는 공장 지대, 아케이드 서울이 위치한 인근 장소 그리고 문래역 주변의 거주민을 위한 상권 이렇게 세 가지를 놓고 비교해 보았습니다. 2023년 중순 기준으로(네이버부동산 및 인근 전수 조사) 문래동 공장 지대 상권은 1층 기준 전용 평당 10~15만 원 수준의 임대료를 요구했습니다. 다음 아케이드 서울 인근의 경우 전용 평당 10~12만 원 정도의 임대료를, 문래역 거주민 상권의 경우 전용 평당 10~17만 원 수준의 임대료를 보였습니다. 따라서 전용 평당 임대료 수준만으로 비교했을 경우 아케이드 서울 인근의 임대료가 낮은 것을 알 수 있습니다. 하지만 무조건 임대료가 가장 저렴한 장소를 선택해야 될까요? 당연히 아닙니다. 문래동 공장 지대라는 핫플레이스는 집객 요인이 되기 때문에 높은 임대료를 지불해서라도 임대를 할 경우 메리트가 있을 수 있죠.
이때 고려해야 할 부분이 공간의 적합성입니다. 아케이드 서울과 같은 전시 공간은 일반 음식점에 비해 면적이 커야 하고 층고도 높아야 합니다. 공간의 부피감이 확보되어야 그만큼 전시를 즐기는 즐거움도 커지기 때문입니다. 아케이드 서울은 철공소라는 빈티지 스페이스를 빌려 와 공간 자체의 아이덴티티를 부여했습니다. 출입문에서 느껴지는 묵직한 무게감과 한낮의 햇살이 전시장으로 내려와 제2의 조명 역할을 합니다. 또한 공간 활용도를 높이는 슬로프 설치로 동선의 다양성도 부여했죠. 마지막으로 일부 야외 공간을 배치해 공장의 아이덴티티를 다시 한번 상기시켜 줍니다. 이 모든 것이 조화를 이뤄 아케이드 서울이라는 공간이 문화가 가득한 빈티지 스페이스로 자리매김하게 되었습니다.
따라서 공간의 적합성과 합리적인 금액은 늘 함께 고려해야 되는 부분입니다. 아케이드 서울의 경우 문래동 인근에서 넓은 대지를 갖고 있으면서 높은 층고를 보유한 몇 안 되는 철공소이자 합리적인 가격대의 장소였기 때문에 복합 문화 공간으로 재탄생할 수 있었습니다.

부동산에도 통하는 역지사지

도시가 빠르게 발전할수록 상대적으로 낡고 오래된 곳은 늘어날 수밖에 없습니다. 집 앞의 건물이 새롭게 개발되면 그 집을 바라보는 우리 집은 오래된 것이 되어 버리기 때문이죠. 결국 세상은 새로운 것과 오래된 것이 사이클을 이루며 돌아갑니다. 따라서 어떤 공간이든 시간이 지나면 오래된 공간이 된다는 사실을 잊으면 안 되고, 나아가서 그런 건물을 소유하고 있는 사람의 마음을 들여다볼 수 있어야 합니다. 시장을 운영하거나 오래된 주택을 보유하거나 철공소를 운영하는 사람들의 마음은 어떨까? 이 공간을 어떻게 활용하면 우리 브랜드를 더 빛나게 보여 줄 수 있을까? 그렇게 만들기 위해서 어떤 공간을 찾아야 하고 어떤 협의를 해야 할까?

사람은 누구나 이기적입니다. 자기 생각이 가장 우선입니다. 브랜드를 운영하는 사람도 마찬가지입니다. 부동산을 바라볼 때 좋은 입지, 저렴한 가격, 넓은 공간 등을 당연히 생각하죠. 하지만 모든 조건이 마음에 들 수는 없는 법입니다. 설령 마음에 드는 곳이라도 꼭 한두 가지는 불만이 생기거나 협의가 필요할 수밖에 없죠. 그럴수록 상대의 입장, 즉 반대의 편에 서서 생각하는 자세가 필요합니다. 특히 오래된 부동산을 보유하고 있는 사람은 아무래도 다른 곳들에 비해 선택지가 적을 수밖에 없습니다. 어떤 브랜드가 들어와서 공사도 해 주고 잘 운영한다면 마다할 이유가 없죠. 결국 선택지가 적은 부동산을 찾는 게 브랜드를 운영하는 사람의 입장에서는 더 넓은 협상 테이블을 보유하는 셈입니다. 도시는 계속해서 변화하고 결국, 어떤 곳은 가장 오래된 곳 중 하나로 남게 됩니다. 그곳을 찾아야 합니다. 끈질기게 말이죠.

TIP BOX

브랜드와 부동산의 상관관계

아케이드 서울

아케이드 서울은 복합 문화 공간입니다. 전시 및 다양한 콘텐츠를 보여주는 공간으로 넓은 평면과 높은 층고가 확보되어야 합니다. 따라서 오래된 창고와 같은 공간이 제격이죠. 문래동은 저렴한 임대료와 다양한 창고가 즐비한 곳으로 합리적인 금액으로 좋은 조건의 공간을 마련하기에 안성맞춤인 지역이었습니다.

뷰포인트	접근성	가시성	공간감	차별성
★★★☆☆	★★★☆☆	★★☆☆☆	★★★☆☆	★★☆☆☆

지도 속 A는 아케이드 서울을 표기한 것이다. 1~4까지는 아케이드 서울 인근 건물의 거래 사례를 표기한 것이다. 사례 기준은 아케이드 서울이 입점한 이후 사례를 우선으로 인근에 위치해 있으면서 브랜드가 입점된 건물과 유사한 건물 면적이거나 토지 면적을 기준으로 선정했다. 모든 입지가 같을 수 없으므로 시기적으로 연면적 평당, 토지 평당 가격이 연도별·위치별로 어떻게 달라졌는지 보기 위한 데이터이다.

• 출처: 자체 조사, 네이버부동산, Disco, 밸류맵, 서울시 상권분석서비스 | 단위: 만 원
• 위 지도에서 각 부동산 면적의 크기는 위치 비교를 위해 실제보다 크게 표기했다.

공간의 사용이 아닌 활용

시간이 흐를수록 우리 주변의 오래된 공간은 넘쳐 나게 될 것입니다. 특히 대한민국의 경우 빠르게 변하는 트렌드에 맞춰 공간 또한 변화하고 있습니다. 1~2년만 지나도 트렌드에 뒤처지고 지난 유행이 되어 버리는 경우가 허다합니다. 하지만 그럴수록 오래된 공간에서 기회를 잡을 수 있어야 합니다.

오래된 시장 속 아무도 쳐다보지 않던 극장을 되살린 스타벅스 경동시장점은 스타벅스여야만 가능한 일이 아닙니다. 오히려 대기업일수록 새로운 시도에는 여러 승인 절차가 필요한 법입니다. 따라서 시장이라는 공간과 부동산의 가치를 발견할 수 있는 고민과 자세가 더 중요한 법입니다. 잠봉뵈르라는 이국적인 메뉴를 친근하게 만들어 준 소금집델리는 현실적 이유로 택한 망원동의 작은 공간을 외국의 자유분방한 공방처럼 탈바꿈시켰습니다. 낡은 주택 공간은 새로운 콘셉트의 브랜드를 알리기에도 제격이었습니다. 모노하는 최소한의 외관 변경을 통해 낡은 부동산을 세련된 쇼룸으로 탄생시키며 브랜드 아이덴티티를 보여 주었습니다. 동시에 비움의 미학을 공간 연출에서 발휘해 방문하는 사람들에게 은은한 포근함을 선사했습니다. 아케이드 서울은 문래동 공장 지대의 오래된 철공소를 전시 공간으로 탈바꿈시켰고, 작가 섭외는 물론 직접 큐레이팅, 전시 기획, 제품 제작을 진행하고 있습니다. 덕분에 공장이라는 빈티지 스페이스에서 최고의 예술 문화적 인사이트를 즐길 수 있는, 이색적인 복합 문화 공간으로 자리매김했습니다.

이들은 각각의 시간이 축적된 부동산을 저마다 다른 브랜드 공간으로 새롭게 탄생시켰습니다. 단순히 시각적 인테리어에 집중한 게 아니라 자신의 브랜드가 무엇을 사람들에게 보여 주고자 하는지를 공간에 담았습니다. 결국 본질을 지키되, 오래된 시간을 활용하는 게 중요합니다. 많은 브랜드들이 오래된 공간 그 자체를 '사용'만 하곤 합니다. 그러나 오래된 공간을 제대로 '활용'할 수 있어야 합니다. 보여 주고 제공하려는 서비스와 콘텐츠를 명확히 제시해야 하고, 그러기 위한 서포터의 역할로 공간을 활용해야 합니다. 이때 부동산적 관심이 필요합니다. 누구보다 공간을 잘 활용하기 위해서는 어떤 입지인지, 사람들이 방문하기에 얼마나 용이한지, 브랜드의 콘텐츠를 보다 잘 보여 주기 위해 어떤 공사가 필요한지와 같은 고민이 중요합니다. 오래된 부동산을 잘 활용할 수 있다면 보다 저렴한 비용으로 소비자에게 브랜드를 효율적으로 전달할 수 있습니다.

어떤 곳에 숨어 있을지 모를 오래된 공간, 부동산을 찾고 싶다면 지금 당장 두 발로 나설 차례입니다. 해답은 결국 두 눈으로 직접 봐야만 알 수 있습니다.

LAND

5부

땅 부동산을 살린 브랜드

◊ 5부는 땅 부동산을 살린 브랜드에 관한 이야기로 빈 땅을 활용한 사례를 풍부하게 담아 토지주, 건물주에게도 유효한 정보가 많다는 점을 밝혀 둡니다.

무에서
유를 창조하다

코사이어티

제갈공명과 부동산의 상관관계

잠깐 병법 하나를 말씀드리겠습니다. 《손자병법》에는 무중생유(無中生有)라는 계책이 나옵니다. '무에서 유를 창조한다'라는 뜻으로 지혜로운 자는 무에서 유를 창조하고 비록 가진 것이 없더라도 많은 것을 갖고 있는 것처럼 보인다는 의미입니다. 이를 잘 활용한 제갈공명의 유명한 지략이 하나 있습니다. 중국 삼국시대 조조의 대군과 동오의 군대가 적벽에서 대치하고 있었습니다. 동오의 주유 군대는 화살이 다 떨어진 난감한 형국이었습니다. 평소 제갈공명을 믿지 못하던 주유는 이러한 상황을 이용해 제갈공명에게 무리한 명령을 했습니다. 사흘 안에 화살 10만 개를 마련하라는 것입니다. 주유는 화살을 만드는 장인들에게 일부러 천천히 일하라고 명하기까지 했습니다. 이러한 와중에 제갈공명은 이틀을 허송세월했고, 마지막 하루가 남았을 때 책사인 노숙에게 "배 20척만 빌려주시되, 풀 더미 1천여 개씩을 배 양편에 쌓아 올려 주시오"라고 부탁합니다. 제갈공명은 그렇게 받은 배를 타고 노숙과 함께 짙은 안개를 헤치며 조조군 진영으로 향합니다. 이를 본 조조군은 선제공격이라 생각하고 일제히 화살을 퍼붓습니다. 그렇게 조조군의 화살로 고슴도치가 된 배에서 얻은 화살이 16만 개에 달하게 되었습니다.

브랜드와 부동산에서도 이처럼 무에서 유를 창조하는 경우가 있습니다. 바로 맨땅에서부터 시작한 브랜드의 부동산 공간입니다. 아무것도 없던 땅에서 사람들의 발길이 끊이지 않는 관심 속 공간으로 탄생한 곳들을 살펴보겠습니다.

영화관을 닮은 길

저는 영화광입니다. OTT도 자주 이용하지만 극장에서 영화를 보는 것을 선호합니다. 상영 직전까지 어둠 속의 긴장감이 있기 때문에 눈앞에 환하게 펼쳐지는 스크린이 더욱 특별하게 느껴지는 듯합니다. 이러한 기분 좋은 긴장감을 느낄 수 있는 공간이 있습니다. 바로 코사이어티 빌리지 제주입니다. 코사이어티는 워케이션* 콘셉트의 복합 문화 공간입니다. cociety는 공동을 뜻하는 'co'와 사회를 뜻하는 'society'의 합성어로 마음 맞는 창작자들이 모인 공동체를 뜻하는 이름입니다. 서울 성수동에 코사이어티 서울숲을 처음 선보였고, 제주도와 판교에서도 연달아 매장을 오픈했습니다.

코사이어티의 두 번째 공간인 코사이어티 빌리지 제주는 구좌읍의 도로 한 켠에 자리 잡고 있습니다. 인근에 다른 어떤 시설도 없어서 다소 동떨어진 느낌을 주는 곳입니다. 복잡한 도로에서 빠져나와 샛길로 들어서면 울창한 녹음이 펼쳐지고, 코사이어티로 향하는 길 양옆으로 반듯하게 솟아 있는 나무들이 시원한 그늘을 제공합니다. 곧게 뻗은 삼나무, 편백나무가 만드는 그늘은 영화관의 암전 효과처럼 긴장감을 주기도 하는데요. 나무들이 만드는 길은 특정한 방향성을 갖고 하나의 점으로 귀결하며 공간으로 가는 방향의 속도감을 더해 줍니다. 즉 양옆으로 솟아 있는 나무들이 코사이어티로 향하는 길의 속도감과 집중

* 워케이션은 일(work)과 휴가(vacation)의 합성어로 내가 원하는 곳에서 업무와 휴가를 동시에 할 수 있는 새로운 근무 방식을 일컫습니다.

도심에서 벗어나 코사이어티 빌리지 제주로 향하는 길 | 직접 촬영

도를 높여 더욱 높은 몰입감을 선사하는 것입니다.

짙은 나무숲을 벗어나면 가장 먼저 보이는 것은 카페 블루보틀입니다. 코사이어티 빌리지 제주와 붙어 있는 블루보틀은 제주의 핫플레이스입니다. 블루보틀은 서울에는 매장이 꽤 있지만 그 외 지역에는 아직 보편화되지 않은 브랜드입니다(쉽게 출점을 하지 않기로 유명합니다). 과거 성수동의 블루보틀 1호점이 오픈할 때 한 시간 이상은 기다려야 했을 정도로 인기 있는 곳이죠. 그런 블루보틀이 코사이어티 빌리지 제주와 함께 오픈하게 되었습니다. 블루보틀에서 자체적으로 매장을 오픈한 경우는 아니었습니다. 코사이어티에서 이곳을 기획하고 운영하기 때문에 블루보틀을 유치할 수 있었습니다. 단순히 "우리가 제주도에 숙박 시설을 만들 테니 입점해 주시겠어요?"라고 했다면 아마 블루보틀은 콧방귀를 뀌었을 것입니다. 하지만 코사이어티는 완성도 높은 공간 계획으로 인지도 높은 브랜드 카페를 입점시킬 수 있었습니다. 전체적인 건축물의 설계는 코사이어티에서 진행했고 공간 기획은 제주 출신 디자인 크루인 팀 바이럴스의 문승지 작가와 협업을 통해 만들어졌습니다. 건물 양쪽으로 커다란 유리창을 두어 넓은 벌판 앞으로 조성된 반듯한 삼나무뷰를 오롯이 즐길 수도 있죠.

제주의 아름다운 풍광에 둘러싸여

블루보틀을 지나면 코사이어티 빌리지의 진짜 공간이 나타납니다. 코사이어티 빌리지는 크게 다섯 가지 공간으로 구성됩니다. 기업 대상의 레지던스, 개인을 위한 숙박 공간 스테이, 숙박객이 이용할 수 있는 프라이빗 라운지, 대관용 라운지, 카페 등 공용 공간입니다. 이곳의 가장 큰 포인트는 바로 그림 같은 풍경입니다. 숙박 시설의 건축과 내부 인테리어 또한 이용객의 입장에서 만족도가 높지만 그보다 더 뛰어난 것이 바로 외부의 풍경입니다. 빌리지 내부에서 바깥 풍경을 제대로 감상할 수 있도록 공간 구성을 기획했습니다. 특히, 프라이빗 라운지에 마련된 파노라마 창을 통해 탁 트인 정원을 마음껏 감상할 수 있습니다. 이를 더욱 돋보이게 만든 것이 인테리어 가구입니다. 덴마크의 프리미엄 리빙 브랜드 프리츠한센의 가구들을 비치해 세련된 감각을 느낄 수 있고, 하이 엔드 오디오 브랜드 스타인웨이 스피커에서 흘러나오는 아름다운 선율이 공간을 가득 채웁니다.

코사이어티 빌리지 제주 내부 모습 | 직접 촬영

코사이어티 빌리지 제주 내부 모습 | 직접 촬영

이곳의 진정한 주인공은 바로 외부에 펼쳐진 드넓은 자연입니다. 숙소를 둘러싼 넓은 대지가 전부 사유지이고 조경을 꾸준히 관리하고 있어서 마치 대자연의 오아시스와 같은 분위기를 연출합니다. 도심 속에서 즐기는 공원은 잘 나온 기성 제품 같은 매력이 있다면, 코사이어티 빌리지 내의 자연은 디자이너가 만든 맞춤형 비스포크 같은 매력이 있습니다. 쉽사리 볼 수 없는 자연 조경과 붐비지 않는 밀도, 가만히 서 있으면 들리는 바람 소리와 새들이 지저귀는 소리만으로도 만족감이 채워집니다.

코사이어티 빌리지 제주 외관 | 직접 촬영

좋은 땅이란?

코사이어티 빌리지가 위치해 있는 토지 인근은 2015년부터 2017년까지 모 대기업과 친인척 관계의 사람들이 매수하였습니다. 즉, 코사이어티, 블루보틀 인근은 공통의 토지주가 갖고 있는 사유지입니다. 그 덕분에 코사이어티 빌리지 내에서 프라이빗 정원이자 사유지를 온전히 즐길 수 있는 것입니다. 토지주는 각각의 토지를 지분 분할로 소유하고 있지만 건물의 경우 공간7이라는 법인에서 지상권을 설정해 두었습니다. 해당 법인은 토지주 구성원 중 한 명이 설립한 법인으로 여러 명의 지분으로 나뉘어 있는 토지 위에 개별 법인을 설립해 건축물을 신축했습니다. 그 신축 업무를 맡은 기업이 코사이어티의 모회사 언맷피플이고요. 건축물대장을 살펴보면 숙박 시설 용도의 건물은 2016년에 허가를 받은 것을 알 수 있습니다. 그리고 2018년에 착공해 2021년에 사용 승인을 받았죠. 그 외 근린 생활 시설 건물은 2018년에 허가를 받았고 2020년 착공 후 2021년 사용 승인을 받았습니다. 즉, 2015년에 토지 매입 후 그곳을 운영할 업체를 물색했고 코사이어티를 운영하는 언맷피플을 섭외해 2016년도에 건축물 허가 그리고 그 후 착공과 사용 승인을 받은 것입니다(2024년 1월부터 코사이어티 빌리지 제주는 공간7이라는 이름으로 운영됩니다).

코사이어티 빌리지 사례를 참고하면 토지주는 물론 브랜드의 관점에서도 많은 인사이트를 얻을 수 있습니다. 바로 저렴한 토지를 매수해도 그 가능성은 무궁무진하다는 것입니다. 코사이어티 빌리지 토지

2,996평은 2015년도에 5억 3,500만 원에 거래되었습니다. 토지 평당 9만 9,000원이라는 금액인데요. 상당히 저렴한 가격대입니다. 하지만 그 후로 건축 기획과 운영을 할 수 있는 운영사를 섭외했고 그 과정에서 블루보틀도 입점하게 되어 제주도의 핫플레이스로 재탄생하게 되었습니다. 물론 토지를 매수한다고 해서 이러한 결과를 쉽게 만들 수 있는 것은 아닙니다. 그렇다면 저렴한 토지의 매수, 근사한 숙박 시설의 건축 그리고 유명한 카페 브랜드의 입점이라는 완벽한 결과물을 만들 수 있었던 비결은 무엇일까요? 바로 '좋은 땅'을 매수했기 때문입니다. 이때 좋은 땅(=토지)이란 무엇일까요? 바로 브랜드 즉, 코사이어티에서 좋아할 만한 토지인 것이죠. 만약 해당 토지를 가지고 유명 호텔 업체를 찾아갔다면 어땠을까요? 거절당했을 확률이 높습니다. 제주도의 경우 중문 관광 단지 내 여러 호텔 체인이 밀집되어 있기 때문에 제주도에 없는 호텔 브랜드라도 기왕이면 해당 지역을 우선적으로 검토할 수밖에 없겠죠. 또한 제주도 호텔을 방문한다고 생각하면 무엇이 떠오르시나요? 바로 바다입니다. 제주도에 묵는다면 기왕이면 바다와 가까운 곳을 선호하기 마련이죠. 실제 호텔 관계자에 따르면 제주도 입지를 검토할 때 1, 2순위 중 하나가 해안가와의 밀접 여부라고 합니다. 결국 제주도지만 울창한 숲과 드넓은 벌판에서 새로운 인사이트를 찾을 수 있는 감각적인 브랜드를 찾아야 했을 것입니다. 제주도의 매력인 바다가 보이지 않더라도 온전한 자연의 모습에서 매력을 느낄 수 있는 브랜드여야 하는 것이죠. 동시에 맨땅에서 건물을 지을 수 있는 건축가적인 면모도 갖고 있어야 하고, 공

간을 직접 운영할 수 있는 플레이어여야 합니다. 이쯤 되면 그렇게 많은 선택지가 있지는 않을 것입니다. 브랜드, 건축, 운영, 이 모든 것을 잘할 수 있는 곳은 드물 수밖에 없죠. 그 과정에서 신생 회사였던 코사이어티와 좋은 협의를 이루었고 그에 걸맞은 훌륭한 결과물까지 도출해 냈죠.

사실 이때 가장 중요한 역할은 '브랜드 코사이어티'입니다. 현재 코사이어티 빌리지가 있는 땅의 주인(토지주)이 코사이어티에 어떻게 연락을 하게 되었을까요? 서울숲에 있는 코사이어티 공간을 통해서일 것으로 예상됩니다. 도심 한가운데에 한적하고 고요한 복합 문화 공간을 운영하는 코사이어티를 보고 제주도의 토지에 대해 자문을 구한 것이죠. 코사이어티 서울숲점은 성수동에 위치해 있으면서도 앞선 코사이어티 빌리지의 집중도 높은 소실점의 입구가 고스란히 구현되어 있습니다. 내부에는 카페, 편하게 공부할 수 있는 공간, 전시를 진행하는 공간들이 각각 다른 바닥, 벽, 천장 마감으로 이루어져 있습니다. 모두 다른 느낌의 공간이지만 도심에서 즐기는 휴식이라는 분위기는 온전히 느낄 수 있죠. 바로 이러한 공간의 연출을 코사이어티가 서울숲에서 보여 주었기 때문에 제주도의 토지주가 연락을 취할 수 있었던 게 아닐까 예상해 봅니다. 결국 브랜드를 운영하는 사람이라면 하나의 공간을 만들 때 그것이 자신의 얼굴이라는 생각을 가져야 합니다. 머릿속에 아무리 좋은 아이디어와 비전이 있더라도 사람들은 결국 직접 경험한 '사실'을 가장 신뢰하고 따르기 때문이죠.

코사이어티 서울숲점 내부 | 출처: 코사이어티

건축물과 콘텐츠를 연결하라

토지주라면 보유하고 있는 땅을 어떻게 만들지, 어떤 사람들과 함께 기획해야 보다 가치 있는 땅으로 만들 수 있을지와 같은 고민을 해야 합니다. 따라서 초기 토지 매입 결정을 내리기 전부터 해당 토지의 용도 파악과 어떤 목적으로 사용할지를 상상할 수 있어야 합니다. 이때 코사이어티처럼 브랜드를 운영하면서 건축 설계, 브랜딩을 할 수 있는 그룹과 협업할 수도 있고요. 콘텐츠를 기획할 수 있는 부동산 디벨로퍼와도 업무를 진행할 수도 있겠죠(실제로 보유한 토지를 어떻게 사용할지에 대한 지방 토지주분들의 문의가 저에게도 많이 들어옵니다). 이때 중요한 것은 건축물과 콘텐츠의 '목적 연결성'입니다. 그럴싸한 건물을 지었는데 그 건물을 사용할 임차인이 없거나, 방문할 사람이 없다면 무용지물이겠죠? 건물을 예술품으로 접근하는 게 아니라면, 누가 어떻게 사용할지에 대한 사용자 관점의 정의가 필요합니다. 토지주가 원하는 건물의 목적과 실제 사용자 관점의 목적 연결성이 일치해야 합니다. 만약 여러분이 땅이 있는데 그곳에 호텔을 짓고 싶다고 가정해 봅시다. '일단 지으면 누군가 오겠지?'라고 생각하는 경쟁자는 옆만 봐도 무수히 많을 겁니다. 따라서 초기 기획 단계부터 가장 합리적인 건축물의 목적을 설정하고 이에 부합하는 콘텐츠의 기획 혹은 운영자를 선정하는 작업이 필요합니다. 아무것도 없는 땅을 보고 누가 자신이 운영하겠다고 찾아올까요?

한 예를 들어 보겠습니다. 오픈런을 해 보셨나요? 유명 브랜드에서 새로운 모델을 출시해 매장에서 판매되는 날, 많은 사람들이 매장 개장

(open) 전부터 달려와(run) 줄을 서며 인산인해를 이루었다는 기사를 한 번쯤 보셨을 겁니다. 그 사람들이 새로 론칭하는 제품을 실제로 보고 싶어서 오픈런을 결심했을까요? 또는 막연한 기대감으로 오픈런을 했을까요? 이들의 심리는 무엇일까요? 가장 큰 원인은 바로 브랜드 이름 자체일 것입니다. 요즘에는 이미 브랜드 파워가 있는 곳뿐만 아니라 새롭게 탄생하는 브랜드 매장을 방문하거나 제품을 구매하기 위해 오픈런하는 사례도 참 많아졌습니다. 새롭게 오픈하는 카페 메뉴를 인스타그래머블*하게 만들어서 주말마다 만석이 되는 곳, 오래된 노포지만 눈을 자극하는 음식 비주얼 영상으로 다시금 재조명되는 곳 등 우리가 잘 알지 못하는 장소도 충분히 사람들의 머릿속에 '가야 하는 곳'이라는 생각을 심을 수 있습니다. 결국, 하나의 장소를 기획할 때는 어떤 건물을 짓고 어떤 콘텐츠를 운영할 것이며, 그곳에 사람들을 방문시키기 위해 어떤 '자극'을 그들의 인식 속에 심어야 할지 상상할 수 있어야 합니다. 그럴 때 더 경쟁력 있고 완성도 높은 공간이 탄생할 수 있는 것입니다.

* 인스타그래머블은 인스타그램(Instagram)과 할 수 있는(-able)의 합성어로 SNS에 올리고 싶은 정보를 의미합니다.

브랜드 인터뷰

코사이어티 이민수 대표

Q1. 코사이어티 서울숲점(1호점) 공간을 찾게 된 과정은?

저희가 추구하는 공간의 성격이 있었습니다. 성수동의 부동산 15군데 정도를 돌아다녔고, 40여 곳을 가 보았습니다. 코사이어티 서울숲이 위치한 장소는 서울숲역과 가까운 입지임에도 불구하고 땅의 형태와 건축물이 뒷골목에 숨어 있어서 풍기는 비밀스러운 분위기가 좋았습니다. 또한 서울숲이 근처에 있어서 편리하게 산책도 가능했고요. 야외 정원을 가질 수 있는 것도 중요한 요소 중 하나였습니다.

Q2. 코사이어티 서울숲점을 어떻게 브랜딩했는지?

위태양 공동 대표와 저는 디자인 스튜디오를 베이스로 커리어를 쌓아 왔기 때문에 대부분 기업과 사업주의 브랜드와 공간 프로젝트를 의뢰받아 진행했습니다. 하지만 코사이어티는 저희가 직접 사업주가 되어 공간을 기획하고 브랜딩까지 할 수 있게 되어서 그 과정이 어렵기보다는 즐거웠습니다. 사업주가 되어 속 시원한 부분도 분명히 있었고요. 반대로 어려운 부분도 있습니다.

Q3. 브랜드를 운영하면서 겪은 어려움이 있다면?

부동산 계약이나 행정적인 부분들은 상식선에서 풀어 가다 보면 그렇게 어렵지는 않았습니다. 다만 공간을 기획하는 관점, 시공하는 관점, 운영하는 관점에서 각각 차이가 있는데 간극이 커지다 보면 현장에서 이해관계들이 부딪치기도 했습니다. 중심을 잘 잡고 상호 조율하는 노하우가 이제는 어느 정도 생긴 듯합니다.

Q4. 코사이어티 빌리지는 어떻게 기획하게 되었는지?

자연 이외에 어떠한 인공적인 컨텍스트(도로, 인근 건물 등)가 없는 곳이어서 건축에서 배치의 축을 설정하기가 어려웠습니다. 그래서 주변의 풍경과 나무 군집의 위치 등 자연의 맥락을 더 들여다보고 설계를 했습니다. 설계 중반쯤에는, 프라이빗한 영역(숙박 시설)과 퍼블릭 영역(상업 시설)의 구획에 신경을 많이 썼습니다. 그리고 그 경계 사이에 중성적인 공간을 만들어 문화 공간과 중정, 공용 시설을 기획했습니다. 이곳에 잠깐 들르는 손님과 상주해 있는 입주민 혹은 숙박 손님들 간에 적절한 거리를 만들어 드리고, 그러면서도 서로 공존할 수 있는 공간을 만들고 싶었습니다.

Q5. 미래의 브랜드 대표에게 해 주고 싶은 이야기는?

브랜드는 일시적, 획일적으로 구축되는 것이 아니라고 생각합니다. 브랜딩이라는 단어에 'ing'가 붙어 있는 것처럼 여러 사업적 행동과 의사결정들의 누적 총합이라고 생각합니다. 간판이 걸리는 순간 이후부터 꾸준한 에너지로 정진하시기를 기원합니다.

TIP BOX

브랜드와 부동산의 상관관계

코사이어티 빌리지 제주

코사이어티 빌리지는 제주도 내에서도 숨어 있는 입지에 속합니다. 하지만 공간 운영을 염두한 스테이, 레지던스 운영 및 브랜드 입점 기획 그리고 부동산 토지주와의 협업이 한데 어우러졌기 때문에 골목 입구에서부터 빌리지 내부까지 영화 같은 공간 연출이 가능했습니다.

뷰포인트	접근성	가시성	공간감	차별성
★★★★★	★☆☆☆☆	★☆☆☆☆	★★★★★	★★★★☆

지도 속 A는 코사이어티 빌리지 제주를 표기한 것이다. 1~4까지는 코사이어티 빌리지 인근 토지의 거래 사례를 표기한 것이다. 브랜드의 영향도를 파악하려면 유사 사례를 찾아야 하지만 인근의 경우 토지 거래 사례 위주이므로, 브랜드 입점 후 해당 사례를 나열했다. 따라서 브랜드의 영향도를 정확히 파악하기란 어려움이 있다. 또한 토지의 면적, 위치, 그 외 요소 등에 따라 금액의 차이가 크다는 점을 밝혀 둔다.

1

거래 시점 2015년 12월
연면적 -py
토지평 5,354.0py

연면적 평당 -
토지 평당 10
가격 53,500

2

거래 시점 2015년 12월
연면적 -py
토지평 3,024.1py

연면적 평당 -
토지 평당 13
가격 40,000

3

거래 시점 2015년 12월
연면적 -py
토지평 4,846.1py

연면적 평당 -
토지 평당 5
가격 24,000

4

거래 시점 2017년 6월
연면적 -py
토지평 9,029.9py

연면적 평당 -
토지 평당 33
가격 300,000

• 출처: 자체 조사, 네이버부동산, Disco, 밸류맵, 서울시 상권분석서비스 | 단위: 만 원
• 위 지도에서 각 부동산 면적의 크기는 위치 비교를 위해 실제보다 크게 표기했다.

빵으로
마을을 만들다

어로프 슬라이스피스

지도가 있는 카페

마을 하면 어떤 이미지가 떠오르시나요? 저에게는 작은 슈퍼가 있고 그 옆의 오래된 세탁소에서 스팀 연기가 피어나고, 다른 한 켠에서는 빵집에서 풍겨 오는 갓 구운 빵 내음과 골목을 뛰어다니는 아이들의 웃음소리가 가득한 곳입니다. 여러 집이 모여 사는 이미지인데요. 여기, 맨땅에서 빵집으로 마을을 만든 브랜드가 있습니다. 경기도에 위치한 베이커리 카페 어로프슬라이스피스입니다. 이름의 'a loaf slice piece'는 빵 한 덩어리라는 뜻입니다. 어로프슬라이스피스는 용인시 처인구에 1호점을 운영 중이며, 경기도 광주시 퇴촌면에 2호점을 운영하고 있습니다. 특히 2호점의 경우 토지 1,200평가량 위에 지어져 압도적인 규모를 자랑하며 마치 마을처럼 보이기도 합니다.

경기도에 위치한 보통의 대형 카페를 방문하게 되면 일정 부분 유사성이 있습니다. 하나의 커다란 공간에 베이커리, 커피 및 브런치를 제공하면서 공간 자체의 비주얼적인 콘텐츠가 입혀지게 됩니다. 건축물을 독특하게 지어 그 자체만으로 콘텐츠가 될 수도 있고 공간 내에 식물원이나 가구 쇼룸, 펍을 만들 수도 있습니다. 결국 '하나의 공간'이라는 동일한 형상을 이루는 것이죠. 하지만 어로프슬라이스피스 퇴촌점은 여러 개의 크고 작은 동으로 구성된 작은 마을을 형상화하고 있습니다. '공간의 개별화'가 이루어진 것입니다. 이에 걸맞게 내부 안내 지도까지 있습니다.

크게 6개의 공간이 있는데 각각의 유닛은 베이커리를 만드는 베이킹 랩과 웅장한 뷰를 즐기며 음식을 먹을 수 있는 쇼룸, 식물에 관한 책과 아이들과 관련된 서적을 파는 책방, 직접 요리를 배울 수 있는 쿠킹클래스 스팟, 장소를 대관할 수 있는 프라이빗룸, 각종 식물을 케어할 수 있는 식물양호실 등입니다. 모든 공간들의 지붕이 경사진 박공형(삼각형 모양)으로 건축되어 마을의 이미지를 더욱 강화합니다. 각각의 공간 특성이 다르다 보니 산책 겸 돌아다니면서 구경하는 재미도 쏠쏠하고 그 덕분에 체류 시간 또한 자연스럽게 증가합니다.

특히 H빔 구조의 건축물과 한쪽 벽면을 가득 메운 유리창으로 이루어진 쇼룸 공간은 인더스트리얼 가구와 플랜테리어의 조화를 잘 보여주는 곳이기도 합니다. 입구에서부터 유리창까지의 단차와 2층에서 흩어지는 다양한 동선, 숨어 있는 나선형 계단은 다양한 공간으로 이동하게 해 주어 아이, 어른 모두에게 지루할 틈을 주지 않습니다. 일반 베이커리 카페와 이곳의 내부를 비교해 보면 '동선의 다양화'가 가장 큰 차이점입니다. 보통 대형 카페는 탁 트인 전망과 한눈에 들어오는 내부 구성으로 넓은 공간감을 제공합니다. 도심에서 느끼기 어려운 거대한 공간 자체로 충분한 만족감을 주는 것이죠. 하지만 어로프슬라이스피스는 마을을 형상화했기 때문에 동선이 다채롭습니다. 빵을 구매하는 베이킹랩에서도 실내 책방을 즐길 수 있고 외부로 나가 아웃도어형 카페를 경험할 수 있습니다. 또한 인공 조경을 한눈에 즐길 수 있는 쇼룸 공간은 탁 트인 개방감을 자랑하죠. 앉아만 있기 지루하면 이곳의 여러 공간을 산책하면서 빵으로 부른 배를 소화시킬 수도 있습니다. 넓은 대지 면적에서 즐길 수 있는 개방감은 물론이

어로프슬라이스피스 퇴촌점 내외부 모습 | 직접 촬영

고 다양하게 구성된 공간들로 동선의 다양성 자체를 즐길 수 있는 것이죠.

투자의 사이클을 만들다

어로프슬라이스피스 1호점과 2호점은 모두 토지를 매입해 만들어진 베이커리 카페입니다. 1호점의 경우 2017년경에 1,170평대 토지를 29억 원에 매입 후 어로프슬라이스피스 베이커리를 만들어 운영 중이고, 2호점인 퇴촌점은 약 1,200평 대지 위에 신축하여 운영 중에 있습니다. 등기부 등본을 살펴보면 토지를 매입하고 해당 토지

세련된 플랜테리어가 돋보이는 어로프슬라이스피스 퇴촌점 모습 | 직접 촬영

에 근저당권을 설정해 대출을 받아 건축물을 지은 것으로 보입니다. 사실 이렇게 처음부터 토지 매입 및 건축물 신축을 한다는 것은 웬만한 대기업도 시도를 꺼리는 구조입니다. 베이커리 카페 자체가 잘될지 안될지도 모르는 상황에서 토지 매수 비용과 건축비는 부담이 될 수밖에 없죠. 하지만 이렇게 초기부터 과감한 투자가 가능했던 이유는 본래 다른 업을 영위하던 모회사가 있었기 때문입니다. 바로 떡류 제조업 전문 기업 에스제이빵오르방입니다. 이 기업의 대표는 미디어에 몇 차례 노출된 적도 있는 유명한 파티시에이기도 합니다. 결국, 실력과 자본력이 검증되었기 때문에 이런 시도가 가능했던 것이죠.

하지만 지방에 있는 토지를 매입한다는 것은 여전히 큰 위험을 안는 것과 같습니다. 왜냐하면 번화한 상권이 아닌 이상 토지 가격이 쉽사리 오르지 않을 수 있고 오히려 초기 매입했던 비용보다 떨어질 가능성도 있기 때문이죠. 허허벌판이라면 이야기는 더욱 심각해집니다. 하지만 이곳처럼 사람들을 집객시킬 수 있는 베이커리를 직접 만들고 운영할 수 있다면 이야기가 달라집니다. 접근성이 조금 떨어져도 도로에 접한 토지를 싼 가격에 매입하고 토지를 담보로 대출을 받아서 건축물을 올립니다. 그리고 베이커리를 운영하면서 사람들의 발길을 이끕니다. 자연스럽게 인근에 다른 운영자들이 나타나고 몇 년 후에는 초기보다 토지 가격이 오르게 되는 것이죠.

설령, 매입한 토지를 다시 파는 방법으로 투자금 회수를 할 수 없더라도 지가가 상승하면 담보 대출을 추가로 받을 수 있게 됩니다. 예를 들어 본래 10억 원이었던 토지 중 7억 원을 대출(70%)받았는데, 토지 가격이 상승해 20억 원이 되면 14억 원을 대출받을 수 있게 됩니다. 추가로 7억을 더 받을 수 있게 된 것이죠(물론 당시마다 금리 상황과 대출 기관에 따라 변동성은 있습니다). 즉, 원래 매입한 토지 가격의 투자금 대비 오른 만큼의 이익이 생기는 것입니다. 이때 중요한 점은, 지속적인 투자가 수반되어야 한다는 것입니다. 대출이 계속 잘 나온다고 그 돈으로 흥청망청 쓸 수는 없겠지요? 높아진 대출 금액으로 본 자산에 재투자를 진행해서 소비자 집객에 도움을 줄 수도 있고, 서울 중심이나 경기도 주요 위치의 부동산 매입 자금에 보태어 해당 부동산으로 새로운 현금 흐름을 만들 수도 있습니다.

실제로 어로프슬라이스피스 퇴촌점의 매입 토지는 매수할 당시인 2020년부터 2023년까지 36억, 24억, 6억, 6천만 원대의 근저당권 설정이 시기별로 진행되었습니다. 토지를 매수할 시점부터 발생된 근저당권으로 토지 매수금 조달과 건축물 신축 등에 해당 비용이 지불되었고, 그 후로 추가적으로 대출을 더 일으킨 것을 알 수 있습니다. 결국 어로프슬라이스피스 퇴촌점은 토지 매입, 대출, 건축물 신축, 재투자로 이어지는 사이클을 만든 셈입니다.

이색적인 토지 개발 사례

어로프슬라이스피스처럼 교외 카페로 SNS상에서 크게 유명해진 카페들이 여럿 있습니다. 그중 단연 손에 꼽히는 브랜드 몇 군데의 이야기를 들려드리겠습니다. CIC F&B라는 기업의 더티트렁크와 말똥도넛입니다. 더티트렁크가 교외 대형 카페 중에서도 인스타그래머블한 비주얼로 '교외 카페는 이렇게 하는 거야'라는 인식을 심어 준 브랜드라면, 말똥도넛은 '우리는 이렇게까지 할 수 있어'라는 도전 정신을 보여 준 브랜드입니다. CIC F&B는 92년생 김왕일 대표가 이끄는 크리에이티브 그룹입니다. 유튜브나 언론에도 많이 소개된 김 대표의 이단아적인 매력에 많은 사람들이 관심을 보내기도 합니다. 더티트렁크와 말똥도넛 모두 같은 기업에서 만들었다는 것 외에 공통점이 하나 더 있습니다. 경기도 파주시에 위치해 있다는 점입니다. 좀 더 들여다볼까요?

등기부 등본상 두 브랜드의 토지주는 동일합니다. 2명의 소유주가 지분을 동일하게 50%씩 보유하고 있습니다. 먼저 더티트렁크의 경우 현 소유주가 토지를 2017년경 매수한 이후 2018년 12월에 더티트렁크가 오픈했습니다. 말똥도넛의 경우 더티트렁크의 토지주가 2020년에 토지를 매수한 이후 2021년에 말똥도넛이라는 브랜드가 론칭되었습니다. 두 지역 모두 동일한 소유주가 토지를 매수하자마자 1년 뒤 동일한 기업에서 새로운 브랜드를 론칭한 것입니다. 만약 CIC F&B에서 토지를 매수하고 브랜드를 론칭한 것이라면 충분히 이해가 되는 대목이지만, 법인이나 신탁 등의 구조가 아닌 2명의 개인이 토지를 매수했다는 것이 독특한 포인트입니다. 그리고 그 위에 CIC에서 론칭한 브랜드가 운영을 한다는 것도 관심을 가져야 할 대목입니다.

어로프슬라이스피스 이야기 중에 CIC F&B를 잠깐 꺼낸 이유가 바로 이 포인트입니다. 교외형 카페는 토지를 매입하더라도 토지 가격 상승이 더딜 수 있다는 리스크가 존재하고, 토지 위에서 운영 중인 카페 브랜드가 토지 가격과 밀접한 연관성이 있기 때문에 브랜드를 넘기거나 혹은 토지만 넘기고 사용료만 내는 등의 구조가 아닌 이상 토지 자체만을 통해서는 수익을 창출하기가 어렵습니다. 따라서 어로프슬라이스피스처럼 매입한 토지의 지가 상승을 통해 추가 대출을 일으켜 재투자를 하거나, CIC F&B처럼 관계성이 있는 개인 혹은 기업을 활용해서 전략적으로 토지를 매수 및 개발하는 방법이 대안이 될 수 있습니다. 후자의 경우 관계성이 있는 브랜드의 입장에서는 공간을 운영하기 위해 인테리어 공사, 메뉴 개발, 직원 고용 등 통상적으로 브랜드를 운영하는 단계를 거치면 됩니다. 만약 토지주가 건물을 직접 지어 준다면 건축 공사비를 절감할 수도 있고, 원하는 공간 구조로 신축 건물을 기획해 운영할 수도 있는 것이죠. 토지주의 입장에서는 토지를 담보로 건축비를 충당해 주고 그때 발생되는 이자 대비 더 높은 임대료를 수취한다면 이익이 남는 구조입니다. 또한 운영하는 브랜드가 활성화되어 인근이 소위 핫플레이스가 된다면, 저렴하게 매수한 토지의 가격 상승을 기대할 수도 있게 됩니다.

부동산 투자의 큰 그림을 그리려면

어로프슬라이스피스는 말 그대로 '맨땅에서 시작'한 브랜드입니다. 아무것도 없던 토지를 매입하고 그 위에 건축물을 짓고 중간중간 조경과 산책로를 만들었고 그곳에서 맛있는 베이커리를 판매하고 있습니다. 앞서 말한 것처럼 토지를 전부 매입하고 새롭게 신축하는 일은 큰 부담이 따릅니다. 하지만 어로프슬라이스피스는 사람들의 동선을 고려해 넓은 토지를 매입하고 마을 분위기 조성을 위해 건축물을 다양하게 지었습니다. 그리고 다양한 베이커리와 카페 메뉴로 주말이면 발 디딜 틈 없는 장소로 토지를 새롭게 일구어 냈습니다. 결국 비활성화 지역의 토지를 매입하더라도 어떤 콘텐츠를 어떻게 운영하는지가 더 중요하고, 그보다 더 중요한 것은 부동산을 매입할 때 어떤 구조로 접근하는지입니다. 토지를 매입하고 단순 운영만 했다면, 해당 토지주는 오랜 세월 가격 상승만을 바라보는 해바라기 같은 존재가 되었을지도 모릅니다. 하지만 매입한 부동산을 토대로 다른 대출을 받아 또 다른 자산에 대한 투자를 모색하는 순간, 전문 투자자의 길에 들어서게 되는 것입니다. CIC의 예처럼 다른 주체가 토지를 매수하게 하고 그 위에 새로운 콘텐츠로 가득 채운 공간을 운영할 수도 있는 것이죠.

만약 여러분이 교외에 카페를 만든다고 생각해 보세요. 무엇부터 하게 될까요? 아마도 '어떤 카페를 하지?'를 먼저 떠올리고, 카페 이미지를 열심히 찾아볼 것입니다. 하지만 '카페'라는 카테고리는 이미 정해졌습니다. 즉, 무엇을 할지에 대한 정답은 얻은 것이죠. 그렇다면 어디에, 어떻게 운영할지를 고민할 차례입니다. '어디에'는 부동산에 해당되겠죠. 이때 결정해야 되는 부분이 어떤 지역과 위치를 선택할지, 토지를 매입하고 건물을 지을지, 임대를 하고 건물을 지을지, 원래 있는 건물을 이용할지 아니면 리모델링할지 등과 같은 것들입니다. 부동산은 한번 결정하면 그만큼 되돌리기 어렵기 때문에 더욱 신중하게 결정해야 합니다. 생각보다 많은 사람들이 부동산을 결정할 때 입지와 임대료 그리고 내부의 분위기 정도만 고려합니다. 하지만 보다 효과적으로 활용하는 방법을 깊이 모색해야 합니다. 단순히 임대료를 지불하고 임차인으로서 사용할 수도 있지만, 대출을 받아서 작은 토지나 건물을 매입할 수도 있겠죠. 꿈은 커야 된다고 하잖아요? 부동산도 마찬가지입니다. 자신이 갖고 있는 현금 자산만을 활용하기보다 한발 더 나아가 더 큰 그림을 그릴 수 있는 사람이 꿈에 가까워질 수 있을 것입니다.

TIP BOX

브랜드와 부동산의 상관관계

어로프슬라이스피스 퇴촌점

어로프슬라이스피스는 처음부터 부동산 토지를 매입해 대형 카페를 만들었습니다. 토지를 매입해 핫플레이스로 만듦으로써 토지 가격 상승을 이루어 냈습니다. 확실한 콘텐츠가 있는 브랜드라면 과감하게 부동산을 구매해 시너지를 낼 수 있습니다.

뷰포인트	접근성	가시성	공간감	차별성
★★★★☆	★☆☆☆☆	★★★☆☆	★★★★★	★★☆☆☆

지도 속 A는 어로프슬라이스피스 퇴촌점을 표기한 것이다. 1~4까지는 어로프슬라이스피스 인근 토지의 거래 사례를 표기한 것이다. 브랜드의 영향도를 파악하려면 유사 사례를 찾아야 하지만 인근의 경우 토지 개발 사례 위주이므로, 브랜드 입점 후 해당 사례를 나열했다. 따라서 브랜드의 영향도를 명확히 파악하기에는 어려움이 있고 참고로만 보아 주길 바란다. 또한 토지의 면적, 위치, 그 외 요소 등에 따라 금액의 차이가 크다는 점을 밝혀 둔다.

- 출처: 자체 조사, 네이버부동산, Disco, 밸류맵, 서울시 상권분석서비스 | 단위: 만 원
- 위 지도에서 각 부동산 면적의 크기는 위치 비교를 위해 실제보다 크게 표기했다.

만화로 만든 성

그래픽

우리는 만화를 좋아했다

어릴 적 좋아하던 만화 하나쯤 있지 않으신가요? 저는 동네 만화방에서 《슬램덩크》, 《드래곤볼》 같은 만화책을 열심히 빌려 보곤 했습니다. 나른한 오후에 혼자 소파에 누워 옆에 만화책을 잔뜩 쌓아 두고, 글보다는 그림 위주로 챙겨 보면서 한 시간에 5권을 독파하기도 했습니다. 세월이 흘러 만화와는 거리가 멀어지고 느지막한 저녁에 술 한잔을 깃들이는 게 익숙해졌습니다. 그렇게 멀어진 옛날의 추억과 현재의 즐거움을 이어 주는 곳이 있습니다. 서울 용산구 이태원동에 위치한 그래픽입니다.

그래픽은 만화로 이루어진 놀이터입니다. 다양한 종류의 만화책을 구비함과 동시에 어른들의 입맛에 맞는 칵테일, 위스키 등을 함께 제공합니다. 만화방의 하이 엔드 버전이랄까요? 동네 구멍가게 콘셉트의 만화방에서 라면 국물이 튄 만화책을 보는 게 아니라 오로지 만화 콘텐츠로 가득 찬 지하 1층~지상 3층의 공간이 호텔 라운지처럼 구성되어 있습니다. 입장료 15,000원을 지불하면 건축, 미술부터 자연, 철학, 스릴러, 패션, 음악에 이르는 다양한 종류의 만화 서적을 즐길 수 있습니다. 무제한 음료, 커피 및 스낵까지 제공합니다(주류는 별도).

만화방의 고급 버전으로도 충분히 관심을 끌었지만, 처음 그래픽이라는 곳이 이슈가 된 가장 큰 원인은 바로 외관입니다. 창문 하나 없이, 오래된 종이 질감을 모티브로 만든 외벽은 지나가는 사람들의 발길을 멈추기에 충분합니다. 그래픽을 건축한 오온 건축사사무소에서는 이러한 질감을 연출하기 위해 중국의 도예가인 문평과 협업을 진행했습니다. 실제 외벽 소재도 세라믹을 사용했습니다. 정면에 입구를 두지 않은 것도 건물 외관을 충분히 감상할 수 있게 만든 포인트 중 하나입니다. 매장에 들어가기 위해서는 건물 뒤쪽으로 발걸음을 옮겨야 합니다. 토지의 모서리 부분을 땅의 모양을 따라 각지게 만들지 않고 부드러운 곡선의 형태로 만들어 시선의 흐름이 자연스럽습니다. 완만한 곡선의 면처럼 시선 또한 자연스럽게 건물 옆쪽을 타고 흐르게 만듭니다.

그래픽 건물 외관(좌), 건물 뒤쪽에 있는 입구(우) | 직접 촬영

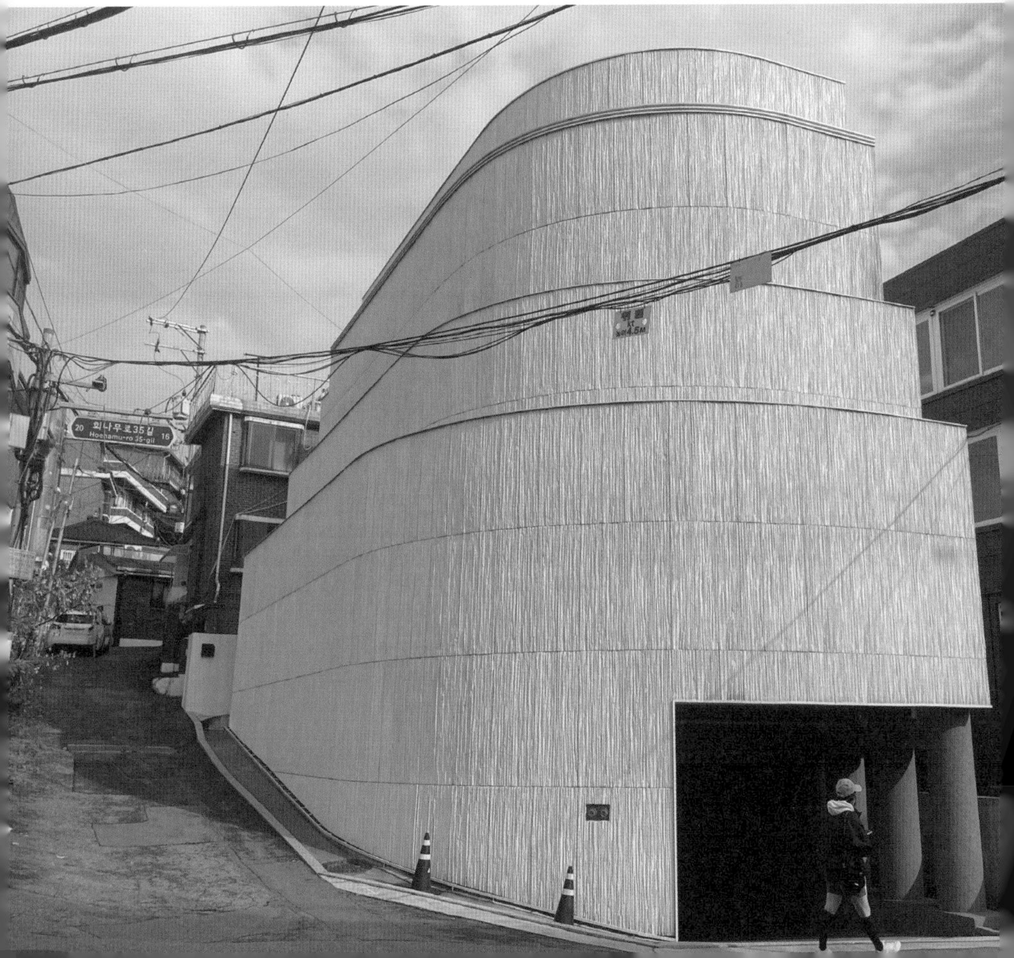

매장 내부로 들어서면 중앙의 계단이 가장 먼저 눈에 띕니다. 자연스럽게 계단을 오르며 원형으로 돌아가는 동선을 이루며 천장에서부터 내리쬐는 채광을 느낄 수 있습니다. 3개 층을 오르다 보면 미묘하게 달라지는 조도를 느낄 수 있는데요. 꼭대기 층에 다다를수록 채광으로 인해 내부 공간이 밝아지기 때문에 1, 2, 3층의 조도가 조금씩 다르게 배치된 것을 알 수 있습니다.

건물에서 창문은 필수 요소입니다. 특히 그래픽처럼 경리단길의 메인 도로가 아니라 주택가 내에 위치한 건물인 경우 최소한의 창문이 필요하겠죠. 평범한 건물이라면 창문을 층별로 설치했을 겁니다. 하지만 그래픽은 건물 외벽에 창문을 없앤 대신 오롯이 책과 건물 내부로 시선이 집중되는 효과를 만들었습니다. 덕분에 이곳에 방문한 사람들은 책과 음악에 더 몰입할 수 있게 되는 것이죠. 하지만 이런 개성 있는 건물을 주택가 중심에 만들기란 결코 쉽지 않습니다. 만약 애써 건물을 만들었는데 내부 공간에 대한 수요가 없다면 건물을 다른 용도로 사용하기에 어려움이 있기 때문입니다. 만약 그래픽을 다른 용도로 사용한다면 어떨까요? 특정 목적의 전시장이나 제품 판매가 아닌 이상 창문 하나 없는 공간에서 무언가 연출하기란 결코 쉽지 않을 것입니다. 이렇게 대담한 결정을 어떻게 내리게 되었을까요?

심사숙고 끝에 탄생한 서점 그래픽

과거 그래픽 자리의 코너 부분 1층은 슈퍼마켓, 디저트 매장으

그래픽 내부 모습 | 직접 촬영

로 사용되던 곳이었습니다. 2층에는 주거 시설이 있었고요. 옆쪽 부지의 경우 일반 주거 시설로 별도 건물이 있었습니다. 결국 2개의 건물이 있던 부동산이었던 것이죠. 등기부 등본을 살펴보면 그래픽의 토지 및 건물은 율촌개발 주식회사의 소유로 되어 있습니다. 2014년과 2015년도에 걸쳐 토지를 매입했는데 2개의 필지를 총 30억 원에 매입했습니다. 그리고 하나의 필지로 합필했습니다. 토지의 면적은 약 78평으로 토지 평당 가격으로는 약 3,800만 원에 매입했습니다. 2022년 인근에 거래된 사례가 평당 5,000만 원이 넘으니 토지 가격만으로도 30% 이상의 수익을 냈음을 알 수 있습니다.

그래픽이 위치한 자리의 과거 모습 | 출처: 카카오맵(https://kko.to/6gtEbtSVLm)

율촌개발 주식회사는 여의도에 본사를 두고 있는 부동산 임대 및 부동산 매매를 하는 기업입니다. 본사가 위치해 있는 건물 또한 기업 소유의 율촌빌딩이기도 하죠. 율촌개발 주식회사의 최대 주주는 전 대한화재 회장이기도 한 백일환 씨입니다(대한화재는 해방 이후 1946년에 설립된 기업으로 현 롯데손해보험의 전신 기업이기도 합니다). 해당 건물은 2021년에 사용 승인이 이루어져 소비자들에게 그래픽이라는 이름으로는 2022년에 공개되었습니다. 즉 건물 매입부터 실제 사용까지(2014~2022년) 시간이 걸렸다는 걸 알 수 있습니다. 자세한 사정은 알 수 없지만 건물을 매입하고 꽤나 많은 고민이 필요했음을 예측해 볼 수 있습니다. 토지 매입부터 건물의 준공까지 2~3년 정도가 소요되는데 보통은 그 시간을 더 단축하는 것을 선호합니다. 왜냐하면 토지를 매입할 때 대부분 대출을 이용하기 때문입니다. 대출금에 대한 이자가 시간에 비례해 증가하니, 결국 건물을 빨리 세워 사용함으로써 임대료로 이득을 취하거나 건물을 되팔아서 매각 차익을 얻는 게 중요하죠. 하지만 그래픽은 심사숙고의 시간을 들여 건물을 완성했고 전형적이지 않은 특색 있는 공간을 만들었습니다. 어쩌면 무모한 도전일지도 모르는 콘셉트였지만 오래 공들인 공간 연출과 콘텐츠는 소비자의 호응으로 그 가치를 증명했습니다. 결국 무조건 빠르게 건물을 짓는 게 정답은 아닌 것입니다.

가능성이 풍부한 입지를 발견하려면

그래픽은 경리단길이라 일컬어지는 골목 안쪽에 위치해 있습니다. 경리단길은 2016년도에 호황기를 맞다가 그 후 급속도로 많은 점포들이 폐점하기에 이르렀습니다. 많은 소비자들이 방문하면서 자연스럽게 이어진 무분별한 임대료 상승의 타격을 직격으로 맞은 것입니다. 작고 아기자기한 브랜드, 작가들의 공간이 즐비하던 장소의 임대료가 높아지자 감각 있는 공간들이 사라지고 프랜차이즈 업체들로 많이 교체되었습니다. 그리고 자연스럽게 사람들의 발길이 뜸해지고 상권은 그 특색을 잃게 되었습니다. 그래픽은 바로 이런 상권 안쪽에 자리 잡고 있습니다. 주변에는 새비지가든, 살라댕앰버시, 레인리포트 등의 매장이 운영되고 있습니다. 모두 글로우서울이라는 기업에서 기획, 운영하는 브랜드입니다. 사람들의 발길이 뜸해진 경리단길 인근 상권을 그래픽과 함께 살리고 있는 일등 공신이기도 합니다. 세 브랜드의 외관 모두 눈을 사로잡는 비주얼적인 특징이 강합니다. 이러한 연출이 가능할 수 있었던 이유는 바로 주택을 리모델링했기 때문입니다.

주택 리모델링은 이제 카페 공간에서 흔히 볼 수 있습니다. 앞서 언급한 브랜드 중 소금집델리 망원점, 데우스엑스마키나 삼청점 등도 그런 예시 중 하나입니다. 이때 가장 중요한 점이 하나 있는데 바로 대지 면적입니다. 얼마나 큰 대지에 주택이 지어져 있었느냐가 중요한 것이죠. 즉, 마당이 딸린 큰 집일수록 더 여유로운 공간 연출이 가능합니다. 카페 테이블을 더 놓을 수도 있고 넓은 조경으로 사용할 수도 있습니다. 경리단길 상권을 과거의 영광으로 돌리기까지는 시간이 걸리겠지만, 이렇게 새로운 시도가 가능한 물리적인 스펙을 보유한 잠재 지역임은 증명된 셈입니다. 또한 이 지역은 남산과 맞닿아 있으면서 소월로로 이어지는 서울 최고의 전망을 즐길 수 있는 곳입니다. 고급 주택들이 다수 분포해 있고 기업 총수나 자산가들이 거주하고 있는 장소이기도 합니다. 서울시가 내려다보이면서 남산을 등에 업은 넓은 부지의 땅은 한적한 동네 분위기를 연출하기도 합니다.

인근에 위치한 5성급 호텔 남산 그랜드하얏트의 경우 2023년 5월 JS코퍼레이션에 7,300억 원에 인수되었습니다. JS코퍼레이션은 버버리 등 명품 브랜드의 핸드백을 만드는 국내 기업으로 본 거래는 JS코퍼레이션과 블루코브자산운용이 만든 특수 목적 법인* 제이에스747을 통해 이루어졌습니다. 또한 그랜드하얏트 호텔의 주차장 부지는 부영주택에 의해 인수되었습니다. 이 주차장 부지는 빼어난 입지와 넓은 대지 면적으로 투자자들의 많은 관심을 받던 장소 중 하나였습니다. 각 부동산에 대한 세부 내용을 다 알 필요는 없지만, 두 거래 모두 2023년에 이루어진 점에 주목할 필요가 있습니다. 2023년을 기점으로 남산 그랜드하얏트와 주차장 부지 모두 거래가 되었습니다. 그 말인즉 2023년부터 2~3년, 길어도 5년 이내에는 이곳이 굉장히 달라질 수 있다는 이야기입니다. 설령 당장 개발이 이루어지지 않더라도 매매 사례가 발생했기 때문에 투자를 한 관점에서는 분명 이익을 내기 위해 고민하고 있을 것입니다.

* 특수 목적 법인은 특별한 목적을 위해 일시적으로 만들어진 임시 회사를 말합니다.

오랜 시간 인근 그랜드하얏트 주차장을 주의 깊게 보지 않았더라도, 이 호텔을 방문해 본 사람이라면 혹은 반대편 서울 도심의 어떤 곳에서라도 그랜드하얏트 호텔을 본 경험이 있다면 누구든지 직관적으로 알 수 있는 사실이 있습니다. 바로 남산 중턱에 위치한 호텔의 위치입니다. 서울의 어떤 호텔도 그랜드하얏트보다 뛰어난 입지를 자랑할 수 없다고 생각합니다(어디서나 잘 보이는 것은 명백하니까요). 앞으로 그랜드하얏트가 새롭게 단장하거나, 주차장 부지가 개발된다면 인근은 더욱 발전할 수밖에 없을 것입니다.

날카로운 콘셉트의 힘

그래픽이 위치한 곳은 결국 풍부한 가능성을 내포하고 있는 지역입니다. 설령 경사진 곳에 위치해 있고 대중교통 접근이나 차량 진입이 힘들더라도, 서울의 남산에 근접해 있으면서 2개 필지를 매입해 넓은 부지를 확보한 점과 부촌 골목과 인접한 위치는 충분히 메리트가 있는 입지입니다. 거기에 더해 일반적인 주거 시설을 만들어서 분양한 것이 아니라 멀리서부터 눈에 띄는 건물 외관과 일맥상통하는 만화방이라는 유니크한 콘셉트는 입지가 갖고 있는 단점을 장점으로 극대화하기 충분했습니다.

만화라는 콘셉트로 가득 채운 3층짜리 공간을 만드는 게 과연 쉬운 일일까요? 가장 큰 걸림돌은 '만화에 대한 수요가 있을까?'였을 것입니다. 수요에 대한 확신이 있더라도 하나의 건물을 오롯이 만화만을 위한 공간으로 만드는 선택과 창문 하나 없는 오브제와 같은 형태의 건물을 신축하는 게 과연 쉬운 일일까요? 어려운 결정이었을 것입니다. 왜냐하면 부동산은 한번 신축하면 최소 10년 이상은 변하지 않기 때문입니다. 특히 이처럼 개성 강한 건물을 짓는다는 것은, 한번 내린 결정에 대해 책임을 져야 되기 때문에 확신이 필요한 법입니다. 건물을 완공하고 운영이 잘되지 않는 상황도 고려해야 합니다. 부동산의 특성이 이렇듯 쉽게 변경할 수 없기 때문에 통상적으로는 보편적인 선택을 하는 경우가 많습니다. 여차하면 운영 계획을 변경해 다양성을 높이기 위함이죠. 하지만 그래픽은 창문 하나 없는 건물을 만화라는 콘셉트하에 만들었습니다. 브랜드와 부동산의 일치화를 이루어낸 것입니다. 만약 그래픽 건물에 창문이 있었다면 어땠을까요? 주변에 분포되어 있는 주거 시설이 눈에 들어왔을 것입니다. 채광이 여기저기서 들어와서 지금의 천창에서 떨어지는 성스러운 분위기는 없었을 것입니다. 일반적인 서점을 기획했으면 또 어땠을까요? 보통의 책을 보기에는 다소 비싼 입장료라고 생각이 들 수도 있을 것입니다. 물론 결과는 아무도 알 수 없습니다. 하지만 분명한 것은, 날이 선 콘셉트를 만들고 이에 부합하는 부동산 및 공간을 기획하면 사람들의 뇌리에 강렬하게 박힐 수밖에 없다는 사실입니다. 날카로운 만큼 더 단순하고 쉽게 기억될 수 있는 것이죠. 그래픽은 그렇게 사람들의 기억에 자리 잡고 있습니다.

TIP BOX

브랜드와 부동산의 상관관계

그래픽 이태원점

그래픽은 경리단길 인근에 위치해 있습니다. 만화 놀이터라는 명확한 콘셉트와 창문 하나 없는 건물 외관을 신축해 사람들의 뇌리에 각인되는 브랜드이자 부동산을 만들었습니다. 누구보다 날카로운 콘셉트의 브랜드와 이를 뒷받침하는 부동산 공간 기획이 있다면 접근성의 약점은 충분히 극복할 수 있습니다.

뷰포인트	접근성	가시성	공간감	차별성
★☆☆☆☆	★☆☆☆☆	★★★★☆	★★★★☆	★★★★★

지도 속 A는 그래픽 이태원점을 표기한 것이다. 1~4까지는 그래픽 인근 건물의 거래 사례를 표기한 것이다. 사례 기준은 그래픽이 입점한 이후 사례를 우선으로 인근에 위치해 있으면서 브랜드가 입점된 건물과 유사한 건물 면적이거나 토지 면적을 기준으로 선정했다. 모든 입지가 같을 수 없으므로 시기적으로 연면적 평당, 토지 평당 가격이 연도별·위치별로 어떻게 달라졌는지 보기 위한 데이터이다.

- 출처: 자체 조사, 네이버부동산, Disco, 밸류맵, 서울시 상권분석서비스 | 단위: 만 원
- 위 지도에서 각 부동산 면적의 크기는 위치 비교를 위해 실제보다 크게 표기했다.

건물로 만든 계단

콤포트 서울

서울을 한눈에! 선물 같은 뷰

등산 좋아하세요? 어릴 적 아버지와 함께 집 뒤쪽의 작은 산을 종종 올랐습니다. 조금만 숨이 차면 못 올라가겠다고 엄살을 피우기도 했지만 고통을 참으며 정상에 다다르면 그 순간의 만족감이 있었습니다. 비록 지금 생각해 보면 동산 정도였지만 무언가 달성했다는 성취감과 그 후에 받을 보상을 기대하는 것도 즐거움 중 하나였습니다(마음껏 배드민턴을 칠 수 있다든지, 짜장면을 먹을 수 있었던 게 중요했습니다). 그리고 산 정상에 오르면 매번 기분이 좋아지는 순간이 있었는데 바로 시야 가득히 펼쳐진 풍경을 바라보는 시간이었습니다. 발아래의 너른 세상 속에서 작은 점처럼 보이는 수많은 사람들이 저마다 다른 생각과 행동을 하고 함께 숨 쉬며 살아간다는 사실이 신기하게 느껴졌습니다. 또 자연이 선사하는 넓은 시야는 무한한 감정을 느끼게 해 주었는데요. 서울 시내가 한눈에 보이는 시원한 전망으로 특별한 공간감을 선물하는 곳이 있습니다. 서울 용산구 후암동에 자리한 콤포트 서울입니다.

콤포트 서울은 4층 건물을 사용하는 복합 문화 공간입니다. 이제는 복합 문화 공간이라는 단어 자체가 조금 식상하실 수도 있겠습니다. 저는 복합 문화 공간을 '라이프 스타일 공간'이라고 말하고 싶습니다. 복합 문화 공간이 커피를 마시면서 전시도 볼 수 있는 다양한 콘텐츠가 있는 공간을 지칭한다면, 라이프 스타일 공간은 콘텐츠가 커피가 될 수도 있고, 전시가 될 수도 있고, 클래스가 열리는 스튜디오가 될 수도 있습니다. 즉, 공간을 어떻게 사용할지에 따라, 사용자의 라이프

콤포트 서울의 외관 | 직접 촬영

스타일에 따라 유기적으로 변화할 수 있는 공간이라는 개념입니다. 콤포트 서울은 카페 및 전시관이자 각종 패션 소품을 구매할 수 있는 곳입니다. 일반적인 브랜드를 판매하는 편집 숍이라기보다 희소한 브랜드의 제품과 자체 PB 상품(Private-Brand products)을 함께 구성해 고객이 방문하는 목적성을 부여했습니다. 보기만 해도 눈이 즐겁고 다양한 브랜드 제품군이 1층 편집 숍에서 판매됩니다. 2층의 전시 공간에서는 예술적이고 감각적인 전시는 물론 고객들이 참여할 수 있는 포토 전시 등도 기획 및 운영하고요. 하지만 무엇보다 콤포트 서울을 유명하게 만든 것은 바로 인근의 소월길과 연결되는 루프톱의 테라스입니다.

소월길은 〈진달래꽃〉의 시인인 김정식의 호를 따라 붙여진 도로명입니다. 남산 남쪽에 위치한 소월길 산책로를 따라 걸으면 서울의 고층 빌딩이 한눈에 내려다보이고, 해방촌에 옹기종기 모여 있는 벽돌 건물들이 계단처럼 비스듬히 자리 잡고 있는 것도 볼 수 있습니다. 콤포트 서울이 위치한 장소는 소월길 인근으로 녹음이 우거져서 걷기 좋은 길임에는 분명했지만, 원래는 담벼락으로 인해 건너편의 두텁바위길과는 단절되던 곳이었습니다. 약 15m의 높이 차이가 나던 두 길이 이제는 콤포트 서울로 연결되고 있습니다. 즉 콤포트 서울에 가는 길은 두 가지입니다. 후암동 골목길(두텁바위길)을 걷다가 건물 1층으로 들어갈 수도 있고, 소월길을 걷다가 루프톱 테라스로 접근할 수도 있는 것입니다.

콤포트 서울 옥상 테라스 아래 펼쳐진 후암동 전경 | 직접 촬영

루프톱 테라스에는 자갈을 일부 배치해 두 발로 느끼는 공간의 차이점을 인지시켰습니다. 소월길에서 산책을 하다가 접근한다면, 콤포트로 이어지는 계단과 자갈로 인해 발생하는 촉감의 차이로 공간의 구분을 느낄 수 있습니다. 그리고 눈앞에 펼쳐지는 압도적인 시야는 이러한 자극의 총 집합체입니다. 실제로 콤포트 서울의 테라스 공간은 주민들 및 방문객들의 쉼터로도 활용되고 노을 명소이기도 합니다. 만약 담벼락을 그대로 두고 콤포트 서울이 만들어졌다면 어땠을까요? 소월길에서 바로 콤포트에 접근할 수 있는 루트가 사라지는 것이죠. 물론 매력적인 공간이므로 여전히 많은 사람들이 방문했겠지만 서울 전경이 한눈에 들어오는 시야를 경험하기 위해서는 두텁바위길에 위치한 건물 1층으로 들어가서 옥상까지 올라가야만 접근이 가능했을 것입니다.

없던 길을 만들어 낸 건물의 디테일

콤포트 서울은 김희준 포토그래퍼와 이태경 필름 에디터의 합작입니다. 유명 연예인들의 러브 콜을 받는 감각적인 두 인물이 만든 공간이다 보니 콤포트 서울을 이루고 있는 편집 숍, 카페, 전시 공간에는 아티스트의 아이디어가 가득합니다. 2022년 오픈 직후부터 내로라하는 셀럽들이 많이 방문하며 금세 후암동의 핫플레이스가 되었습니다. 건축주가 유명인과 친한 사이니까 공간도 잘되는 거 아니냐고 물을 수도 있습니다. 틀린 말은 아닙니다. 하지만 요즘 소비자들은 굉장히 똑똑합니다. 조금이라도 다른 곳과 비교되거나 부족함이 느껴지면 재방문하지 않습니다. 콤포트가 위치한 입지 특성과 이를 구성한 공간적이고 콘텐츠적인 강점이 있었기 때문에 많은 사람들이 꾸준히 방문하는 장소가 될 수 있었던 것입니다.

콤포트 서울은 기존에 주거로 사용되던 곳을 신축한 공간입니다. 과거 한 개인의 가정집으로 사용되던 곳이 2011년에 증여로 소유권이 바뀌게 되었고 2019년 콤포트 서울의 소유주인 김희준스튜디오가 토지를 매수할 때까지 공터로 남아 있던 부지였습니다. 제1종 일반 주거 지역으로 저층 주택 위주의 건축이 허가된 곳으로 용적률 100~200%, 4층 이하의 주택만 건축이 가능합니다. 또한 고도 제한 지역으로 묶여 있어서 제약이 많은 곳이기도 하죠. 후암동 골목길에 위치해 있으면서 사람이 접근하기 힘든 위치로 인해 주거 시설 말고는 큰 메리트가 없다고 판단되는 입지이기도 했습니다. 일반적 관점에서는 건물 앞의 도로가 1차선이고 언덕에 위치해 있다 보니 물리적 접근성이 떨어지므로 상업 시설로서 장점이 없는 위치로 보입니다. 인근 역인 녹사평역에서 콤포트 서울을 방문하려면 마을버스 하나를 타면 되지만 버스를 타러 가는 거리와 버스에서 내려 걸어가는 거리가 각각 500*m*, 도합 1*km* 정도 됩니다. 인근의 다른 역인 서울역에서는 버스를 타고 숭례문을 돌아 소월길에서 하차해 걸어가야 되는 입지이기도 합니다. 자동차로 가려고 해도 주차 시설이 전무하고 인근의 공영 주차장, 남산도서관 주차장 등을 이용한 후 꽤나 먼 거리를 걸어와야 되는 곳입니다. 하지만 이곳의 가장 큰 장점인 시야를 극대화시킨 루프톱 공간으로 이 모든 역경을 이겨 냈습니다. 언덕길의 특성상 경사진 지형 덕분에 앞쪽 건물로 시야의 간섭을 받을 일이 없습니다. 따라서 도심이 한눈에 들어오는 뷰가 온전히 한 공간의 차지가 되었습니다.

콤포트 서울 건물의 전면 모습. 콘크리트 슬래브와 두겁석 사이의 살짝 떠 있는 공간이 만드는 선이 미적인 효과를 가져온다 | 직접 촬영

콤포트 서울은 뷰를 더 잘 담기 위해서 카페 공간의 창틀, 창호도 얇게 구성했으며 건물 내부의 기둥 또한 최대한 시야를 가리지 않게 얇은 철골을 사용했습니다. 내부 공간의 좌석 배치 또한 건물의 전면인 유리창 측으로 향하게 만들어서 자리에 앉는 순간 자연스럽게 외부 전경을 바라볼 수 있게 만들었습니다. 지하층의 외벽은 종석 미장*으로 거친 질감을 유지했고 건물 전체를 감싸는 계단은 거푸집으로 여러 차례 만든 독특한 문양으로 건물의 아이덴티티를 살렸습니다. 그리고 전면에서 보았을 때 콘크리트 슬래브(지하 1층 천장) 위에 두겁석(난간, 벽 등 길게 늘어선 부분에 덮어 올리는 돌)을 살짝 띄워 두었는데요. 울퉁불퉁한 콘크리트 위에 살짝 큰 사이즈의 두겁석을 배치해 빗물 등이 자연스럽게 끝 선에 맞춰서 흐를 수 있게 구성했습니다.

공간에 대한 인상이 판매를 좌우한다?

콤포트 서울을 보면서 떠오른 브랜드 및 장소가 두 군데 있습니다. 부산의 달맞이길에 위치한 비아인키노와 그 인근에 위치한 헬리녹스입니다. 두 곳 모두 언덕진 길에서 보이는 넓고 푸른 바다의 풍광을 온전히 느낄 수 있어 많은 사람들이 찾고 있습니다. 먼저 비아인키노는 위키노라는 가구 라인을 보유하면서 조명, 책, 카페 등 다양한 라인을 운영하는 리빙 복합 공간입니다. 건물의 저층은 화장품 브랜

* 종석 미장이란 종석이라는 골재와 시멘트의 혼합물을 벽체에 도포해 미장 작업을 한 후, 도구를 이용해 긁거나 뜯어서 거친 마감 면을 연출하는 공법입니다.

드 이솝이 이용하고 상층부에는 패션 브랜드와 카페가 운영되며 부산을 찾는 사람들의 명소 중 한 곳으로 자리매김했습니다. 그리고 헬리녹스는 국내 아웃도어 브랜드의 자부심으로 불리는 캠핑용품 전문 기업입니다. 각 분야에서 인지도가 높은 두 브랜드 모두 부산 달맞이고개라는 공통된 장소에서 플래그십 매장을 운영하고 있습니다. 달맞이길은 관광객이 많이 찾는 명소이기도 합니다. 하지만 제품을 판매하는 브랜드의 입장에서는 접근성이 떨어지는 말 그대로 '달맞이길'인 셈인데요. 그럼에도 불구하고 비아인키노와 헬리녹스가 달맞이길을 선택한 이유는 콤포트 서울이 소월길 인근 후암동을 선택한 것과 유사한 점이 있습니다. 바로 시야가 주는 공간감입니다. 공간의 내부 인테리어와 다양한 제품 라인업으로 소비자들의 눈을 자극할 수는 있지만 아무나 흉내 낼 수 없는 자연의 경이로움을 매장으로 끌어오는 순간, 제품의 가치 또한 그만큼 극대화됩니다.

심리학 용어 중에 닻내림효과라는 말이 있습니다. 배가 어느 지점에 닻을 내리면 더 이상 움직이지 못하듯, 인간의 사고 또한 처음 제시된 하나의 기억이나 이미지에 닻을 내려 그 후의 생각이나 판단까지도 영향을 미친다는 뜻입니다. 만약 여러분이 같은 브랜드의 다른 매장을 방문하는데, 하나는 일반적인 제품들로 가득 찬 곳이고 다른 하나는 똑같은 제품이 있지만 한 켠에 끝없이 펼쳐진 서울 시내의 전경 혹은 부산의 푸른 바다가 보인다고 상상해 보세요. 비록 같은 제품이라도 특정 장소에 방문했을 때 나도 모르게 입이 벌어지는 와우(wow) 포인트가 있는 곳이라면 그곳에서 느끼는 긍정적인 감정은 그곳에 있는 브랜드의 제품 이미지에도 영향을 미칠 수밖에 없습니다. 브랜드 공간에 대해 좋은 인상을 받았다면 그 브랜드와 제품에 대해서도 긍정적 이미지를 가져가게 되는 것이죠. 물론 뷰가 좋으면 다 좋다는 말은 아닙니다(사진만 남기고 빈손으로 나오는 경우도 있으니까요). 하지만 적어도 방문의 빈도나 관심의 크기를 키울 수 있는 중요한 방법 중 하나라는 사실에는 모두 공감하실 것입니다.

방문객의 동선에 눈을 돌려라

콤포트 서울, 비아인키노, 헬리녹스처럼 유명하거나 자본력이 있는 브랜드여야만 넓은 시야가 있는 공간을 가질 수 있을까요? 결코 아닙니다. 토지를 매입해서 신축을 하고 싶다면 당연히 시간이 걸리겠죠. 하지만 시야를 가진 지역은 서울 시내에만 해도 무궁무진합니다. 실제로 네이버부동산에 인근 검색만 해 봐도 임대 공급은 꽤나 많은 편입니다. 단, 사람들의 접근이 그만큼 어려울 수밖에 없고, 그 어려움을 견디고 이겨 내면서까지 방문하고 싶게 만드는 브랜드의 매력을 만드는 게 우선인 것이죠. 모든 분들에게 높은 지대의 뷰가 있는 입지를 선택하라는 이야기가 아닙니다. 콤포트 서울의 경우 소월길이라는 인도와 본 건물의 접근이 가능한 입구를 연결 지었습니다. 말 그대로 건물로 만들어진 하나의 거대한 계단인 셈이죠. 2개의 길을 하나의 브랜드가 연결한 것입니다. 브랜드를 운영하는 사람이라면 방문객의 동선에 관심을 가져야 합니다. 고객이 내부에서 어떻게 이동하면서 공간을 사용할지에 대한 모색은 물론, 외부에서 접근하는 기준 또한 새롭게 창조할 수 있는 열린 생각이 필요한 것입니다. 주어진 건물만 보고 부동산 자체의 프레임에 갇히기보다 먼발치에서 공간과 부동산을 바라보면서 창의적인 동선을 구상했을 때 어떤 멋진 결과가 탄생하는지 콤포트 서울을 통해 알 수 있습니다. 앞으로는 어떤 부동산, 공간을 방문할 때 출입문이 어디로 어떻게 나 있는지 살펴보면 어떨까요? 혹은 막혀 있는 곳이라도 이곳에 출입문을 만들면 어떨까 하는 생각을 가져 보는 것도 추천합니다. 다른 생각을 시도하는 순간 여러분의 공간도 거대한 계단이 될 수 있습니다.

TIP BOX

브랜드와 부동산의 상관관계

콤포트 서울

콤포트 서울의 가장 큰 장점은 후암동의 너른 전경을 즐길 수 있다는 것입니다. 넓게 펼쳐지는 조망을 브랜드 공간 내부로 들여와 편집 숍 제품 그 이상의 콘텐츠를 즐길 수 있도록 만들었습니다. 그리고 건물 자체가 서로 떨어진 두 개의 길을 잇는 계단의 역할을 하면서, 사람들이 어느 길로든 편하게 브랜드에 방문할 수 있게 했습니다.

뷰포인트	접근성	가시성	공간감	차별성
★★★★★	★☆☆☆☆	★★☆☆☆	★★★★☆	★★★★☆

지도 속 A는 콤포트 서울을 표기한 것이다. 1~4까지는 콤포트 서울 인근 건물 및 토지의 거래 사례를 표기한 것이다. 사례 기준은 콤포트 서울이 입점한 이후 사례를 우선으로 인근에 위치해 있으면서 브랜드가 입점된 건물과 유사한 건물 면적이거나 토지 면적을 기준으로 선정했다. 모든 입지가 같을 수 없으므로 시기적으로 연면적 평당, 토지 평당 가격이 연도별·위치별로 어떻게 달라졌는지 보기 위한 데이터이다.

- 출처: 자체 조사, 네이버부동산, Disco, 밸류맵, 서울시 상권분석서비스 | 단위: 만 원
- 위 지도에서 각 부동산 면적의 크기는 위치 비교를 위해 실제보다 크게 표기했다.

빈 땅으로 무엇을 해야 할까?

1+1=2인 것처럼 빈 땅에 무엇을 해야 될지 정할 수 있는 공식이 있다면 좋겠지만 잘 아시는 것처럼 불가능합니다. 하지만 공통적으로 적용할 수 있는 가장 중요한 한 가지가 있습니다. 바로 '목적 설정'입니다. 보통 어떤 대상을 정할 때 목적과 목표라는 말을 혼용해서 사용합니다. 하지만 제가 목표(어떤 목적을 이루려고 지향하는 실제적 대상으로 삼음)가 아닌 목적(실현하려고 하는 일이나 나아가는 방향)이라는 단어를 사용한 것은 흔들리지 않는 행동의 이유를 설정하기 위함입니다.

보물찾기를 한 경험 있으시죠? 이때 목적은 보물을 찾기로 한 결정입니다. 보물찾기를 하는 과정에서 재미, 탐험 등 모든 경험과 감정이 수반되는 것이죠. 반면에 목표는 개별 단서나 보물찾기의 지도와 같습니다. 다음에 어디로 가야 할지, 무엇을 찾아야 할지 알 수 있도록 도와줍니다. 만약 재미와 탐험이 보장된 보물찾기라는 목적이 없다면 개별 단서와 지도는 큰 의미가 없을 것입니다.

즉, 아무것도 없는 땅 위에 실제적 대상인 목표를 세워 보물찾기의 단서나 지도를 찾기보다, 우선 내가 어떤 목적으로 땅을 사용하고 싶은지, 어떤 보물을 찾을 것인지를 정하는 것입니다. 먼저 목적을 정한 후, 그에 부합하는 토지의 용도인지 도로와의 인접도는 어떻게 되는지, 본인이 목적으로 하는 공간을 만들기에 적합한 땅인지 파악하는 작업이 필요합니다. 땅의 용도를 파악하고 목적을 정할 수도 있지만, 뚜렷한 목적이 있다면 땅의 용도를 바꾸거나 다른 땅을 찾는 등의 행동으로 이어질 수 있습니다. 즉, 나 스스로를 먼저 되돌아보고 근본적인 목적과 이유를 먼저 찾은 후, 그에 부합하는 땅 활용법을 모색하는 것이죠.

코사이어티 빌리지의 경우 제주도 외곽의 넓은 나대지(계획 관리 지역)에 편하게 휴식할 수 있는 숙박 시설이라는 목적을, 어로프슬라이스피스는 경기도 퇴촌면 길가 토지(계획 관리 지역)에서 누구나 즐길 수 있는 집 같은 베이커리라는 목적을 이루었습니다. 그래픽은 어른들의 만화 공간이라는 목적을 달성했습니다. 콤포트 서울은 소월길과 인접한 장소(제1종 일반 주거 지역)에서 감각적인 공간에서 즐기는 서울의 뷰라는 목적을 보여준 사례이기도 하죠. 각 입지마다 부합하는 목적은 다를 수 있습니다. 하지만 목적을 달성하기 위해 먼저 부동산을 활용해야 하며 그 과정 속에서 대출을 일으켜 부동산을 직접 매입하고, 근저당권을 설정할 수 있습니다. 지가가 오르면 본 토지를 담보로 또 다른 토지를 매입할 수도 있습니다. 또한 임대를 통해 토지를 빌려서 사용할 수도 있고, 그 위에 건축물을 직접 건축하고 지상권을 설정할 수도 있죠. 하지만 그 기저에는 '내가 무엇을 하고 싶을까?'라는 질문에 대한 답을 먼저 마련해야 하는 법입니다. 5부에서 소개한 브랜드의 부동산 활용법이 모든 사례를 담을 수는 없습니다. 하지만 다른 무분별한 사례를 참고하는 것보다 '브랜드'가 활용한 '부동산'을 되짚어 보는 과정은 여러분이 지켜보고 있는 땅의 가치를 분명 더 높이는 결과를 가져올 수 있습니다. 땅을 부동산적 관점에서, 그리고 브랜드적 관점으로 다르게 바라보는 순간 많은 사람들이 이용하게끔 만들어 활용도를 높일 수 있으며, 땅의 가치를 상승시킬 수 있습니다. '땅을 사고 건물을 짓고, 임대료를 받고 언젠가 팔아서 수익을 내야지'라는 단순한 생각은 잠시 내려놓으세요. 남들처럼 생각하고 행동하는 순간, 남들과 똑같은 일을 한 번 더 할 뿐입니다. 결국 어디서나 볼 수 있는 부동산 중 하나가 되는 것이죠.

땅을 그리고 부동산을 브랜드로 접근하세요. 여러분이 관심 갖는 그곳, 부동산을 브랜드로 여기세요. 그리고 브랜드로 만드세요. 사람들이 그곳에 방문했을 때, 여러분이 설정한 명확한 목적을 온몸으로 느낄 수 있고, 다시 방문하고 싶게 만드는 힘이 바로 브랜딩입니다. 남들이 따라 하지 못할 유일무이한 브랜드로 만드는 데 관심을 갖고 투철한 정신으로 노력한다면, 여러분의 부동산은 브랜드가 될 수 있습니다. 브랜드는 결국